Великие актеры театра и кино

МИХАИЛ ЗАХАРЧУК

ОЛЕГ ТАБАКОВ

И ЕГО СЕМНАДЦАТЬ МГНОВЕНИЙ

МОСКВА
2018

УДК 792.2:929 Табаков О.
ББК 85.334.3(2)6–8 Табаков О.
    З-38

В книге использованы фотографии:
© Георгий Тер-Ованесов, Перельман, Анатолий Гаранин,
Борис Приходько, Владимир Вяткин, Владимиров,
Алексей Даничев, Екатерина Чеснокова, Александр Семенов,
Руслан Кривобок, Михаил Климентьев, Владимир Федоренко,
Илья Питалев / РИА Новости;
Архив РИА Новости

Захарчук, Михаил Александрович.

З-38   Олег Табаков и его 17 мгновений / Михаил Захарчук. — Москва : Эксмо, 2018. — 288 с. — (Великие актеры театра и кино).

ISBN 978-5-04-094245-9

Это похоже на легенду: спустя некоторое время после триумфальной премьеры мини-сериала «Семнадцать мгновений весны» Олег Табаков получил новогоднюю открытку из ФРГ. Писала племянница того самого шефа немецкой внешней разведки Вальтера Шелленберга, которого Олег Павлович блестяще сыграл в сериале. Родственница бригадефюрера искренне благодарила Табакова за правдивый и добрый образ ее дядюшки... Народный артист СССР Олег Павлович Табаков снялся более чем в 120 фильмах, а театральную сцену он не покидал до самого начала тяжелой болезни. Автор исследует творчество великого актера с совершенно неожиданной стороны, и Олег Павлович предстает перед нами в непривычном ракурсе: он и философ, и мудрец, и политик; он отчаянно храбр и дерзок; он противоречив и непредсказуем, но в то же время остается таким знакомым, родным и близким нам человеком.

УДК 792.2:929 Табаков О.
ББК 85.334.3(2)6–8 Табаков О.

ISBN 978-5-04-094245-9

— Oлег Павлович, позвольте вам представить нашего лучшего помощника, нашего военного капитана, который любит ваше творчество и хочет о нем написать, — так отрекомендовала меня Табакову давно уже покойная Мария Вениаминовна Воловикова, которую в Москве почтительно величали «матерью всех артистов». Актер сделал губы своей фирменной трубочкой, тряхнул очень густой и волнистой на то время копной волос, изобразив неподдельно крайнее удивление на лице:

— *Как, неужели меня знают и в широких армейских кругах?..*

Общались мы весьма непродолжительное время, как любил говорить Константин Симонов — «на тычке». Вот итоги той беседы.

«Только в прошлом году он сыграл на телевидении и в кино два десятка самостоятельных, заметных ролей. Прибавьте сюда почти что ежедневную занятость Олега Табакова в театре «Современник», руководство детской театральной студией при Дворце пионеров Бауманского района, которая выросла в курс актерского факультета ГИТИСа, большую общественную работу, регулярные выступления в периодической печати, чтение на радио, выступления с лекциями на производственных предприятиях, в институтах, воинских частях и вы получите приблизительное представление о той занятости, в которой постоянно пребывает этот замечательный актер. А ведь мало кто знает, что в неполных тридцать лет Олег Павлович перенес тяжелейшую форму сердечной болезни — инфаркт миокарда. После такой «встряски» приговор врачей однозначен — спокойная жизнь, никаких волнений. Но не таков этот человек, чтобы отсиживаться в тихой гавани. И он работает. Самозабвенно, неистово, как и подобает настоящему большому художнику. В подтверждение сказанного два примера.

Когда в театре «Современник» идет спектакль «Провинциальные анекдоты» А. Вампилова с участием Олега Табакова, то смеются не только зрители, но и коллеги-партнеры, много раз игравшие с ним в этой пьесе. Они бы и рады держаться с независимым видом, как и следует по неписаному театральному закону, но не могут устоять перед заразительным, искрометным и всегда неожиданным юмором Табакова. Он не жалеет себя ни в смешном, ни в грустном. Он всегда играет так, как будто это его самая ответственная роль в театре, кино, на телевидении. Того же требует и от своих партнеров, учеников.

Если вы побываете в подвале московского дома № 1 по улице Чаплыгина и увидите репетицию спектакля «Маугли», вы удивитесь той интенсивной разминке, которую проводят табаковцы, теперь уже студенты IV курса ГИТИСа. Но когда поприсутствуете на самом спектакле, поймете, что без такой усиленной разминки исполнителям не обойтись. Тут и кульбиты, и сальто, и яростный «бег стаей», и прыжки на стены, и тарзановы полеты под потолок с веревочной лианы на лиану... Если о других труппах иной раз говорят, что они используют всю площадь сцены, то юные исполнители из этого подвала владеют всем ее объемом. И пусть этот конкретный спектакль ставили помощники Табакова — Константин Райкин и Андрей Дрознин, но дух, заразительность, внутренний огонь, так присущий Олегу Павловичу, явно просматриваются в замечательной работе студийцев.

— И все-таки, Олег Павлович, почему вы решили заниматься с ребятами, что побудило вас организовать детскую студию, а затем уже и собственный курс при ГИТИСе?

— *Далеко не полная удовлетворенность сделанным. Во-первых. Жажда творческого обновления, возможность поиска, вера в его успех — во-вторых. В юности я познал радость участия в создании нового театра — «Современник». Теперь считаю своим долгом передать накопленный какой-никакой опыт молодым. Заодно и поучиться у них. Кому как не им, вступающим в жизнь артистам, отражать на сцене проблемы своего поколения, выражать своим творчеством собственную гражданскую позицию. Наши спектакли смотрят прежде всего молодые рабочие, студенты, воины. Бывает, подходят после спектакля, предлагают свою помощь. Мы им всем бесконечно за это благодарны.*

— На вашем курсе преподают Константин Райкин, Андрей Дрознин, Авангард Леонтьев — тоже ваши ученики. Чем это вызвано?

— *Я твердо убежден, что обучать молодых актерскому ремеслу должны люди, способные сами служить им практическим примером. В армии, кстати, основной метод воспитания какой — «делай, как я»? Очень хороший, с моей точки зрения, принцип. Сказанное вовсе не значит, что с ребятами не работают хорошие профессиональные педагоги. Однако горизонты творчества будущих артистов определяет прежде всего, как мне кажется, живой носитель живого театрального языка.*

— Сейчас многие специалисты в области театра, кино, да и рядовые зрители говорят и спорят о проблемах актерского мастерства. Во многих периодических изданиях ведутся на эту тему затяжные дискуссии. А что вы думаете по этому поводу?

— *Такие проблемы не решаются в одночасье. Мне думается, что я еще только подхожу к их пониманию. Наше ремесло, сложное в своей простоте и простое в своей сложности, состоит из множества компонентов. С одной стороны, мы подвластны влиянию различных привходящих моментов. Ведь сама по себе ак-*

терская профессия даже не вторична, а третична, если иметь в виду то, что между актером и зрителем стоит драматург и режиссер да еще вся та технология, которая сопутствует театру и кино. Актер — бегун, несущий эстафетную палочку зрителю на самом последнем этапе дистанции. И как ни хорошо прошли свою дистанцию предыдущие участники, до финиша ее может донести только он один. И я поэтому частично принимаю усилившиеся в последнее время претензии к артистам, обвинения в нашей суетности, всеядности. Однако не следует забывать, что далеко не все мы, актеры, встречаемся, увы, с драматургией и режиссурой, отмеченными печатью подлинного таланта, содержательного искусства. И, как следствие, критерии отбора у современного актера порядком размыты. Отсюда и известное падение актерского престижа, в котором, по-моему, повинны и зрители, и критики. Уж больно часто звучат со всех сторон подсказки актерам, слишком много у них развелось некомпетентных опекунов и наставников. Да и бесконечные телепередачи с участием популярных артистов разрушают магическое таинство нашей профессии.

— Может быть, поэтому многие известные актеры становятся режиссерами?

— *Во всяком случае, — это одна из целого комплекса причин.*

— Олег Павлович, нам, людям военным, было особенно дорого встретиться с вами в телеспектакле «Василий Теркин» по одноименной поэме Александра Твардовского. И это уже не первая ваша работа с режиссером Владимиром Храмовым. Чем она стала для вас в творческом плане?

— *Из этой работы я вынес для себя много нового, обогатившего меня в творческом отношении. Поэма Твардовского решалась нами (в первую очередь, разумеется, Владимиром Александровичем, к слову, участником Великой Отечественной войны) в задушевно-лирическом ключе. Об инсценировке этого выдающегося произведения я мечтал давно и старался выразить в ней дань признательности павшим и живым солдатам Великой Отечественной войны. Говорят, что получилось...*

В заключение нашей беседы мы пожелали народному артисту РФСР, лауреату Государственной премии СССР Олегу Павловичу Табакову новых творческих успехов и попросили его написать несколько слов воинам-сибирякам.

«Желаю вам счастья и здоровья, душевного покоя, верности ваших подруг! Желаю вам всего самого доброго. Ценю ваш нелегкий труд — он сродни нашему актерскому — без выходных и без бюллетеней. С уважением О. Табаков».

Заранее приношу извинения читателям за то, что привожу здесь собственное интервью с Табаковым полностью. Хотя прекрасно понимаю, что ценность его не столько в содержании, сколько во времени. Шутка ли, оказывается, что впервые я пообщался с Олегом Павловичем ровно 38 лет назад! «Кредо Олега Табакова» было опубликовано в газете Сибирского военного округа «Советский воин» 8 апреля 1980 года. Сейчас бы я, разумеется, многое в материале изменил, а мой герой и подавно. Но, увы, что написано пером... С тех пор я всегда пристально следил за самобытным творчеством и великой подвижнической деятельностью Табакова. Он для меня — генерал театра и кино. Многажды писал о нем в различных отечественных изданиях. Восьмидесятилетний юбилей Олега Павловича отметил на нескольких интернет-ресурсах. На обложке моей главной книги о собственной судьбе «Встречная полоса. Эпоха. Люди. Суждения» есть и портрет уважаемого Олега Павловича, а в самой книге — большой очерк о нем. Мое досье о его творчестве насчитывает свыше ста единиц хранения! У него самого, я железно в том уверен, нет стольких газетных, журнальных публикаций, записей телевизионных и радиопередач о его собственных свершениях в театре, кино, телевидении. Потому что, во-первых, Олег Павлович много раз (четырнадцать!) в жизни переезжал с места на место. А во-вторых, у него отсутствует такая привычка тщеславно наблюдать: кто там и что про меня говорит и пишет. Может быть, в молодости она и была, но сейчас ее нет, как класса. Он выше тех простых суетностей и жизненных мелочей, которые, как болото, затягивают простого человека в свои омуты, не дают ему развернуться во весь размах даже Богом отпущенных способностей. У Табакова редкое умение мудро и дальновидно организовывать жизнь свою, свое разнообразное творчество, собственные дерзновенные устремления и помыслы тех людей, которые добровольно или по нужде признают в нем для себя лидера. Скажу больше: в постсоветском театральном пространстве людей калибра Табакова попросту нет. Он — такая себе отдельная культурная Джомолунгма. И это тем более ценно, что ведь себя мой герой сделал сам, своим умом, «своими руками». У Олега Павловича никогда не наблюдалось влиятельной протекции, его не двигали ни сильные мира сего, ни национальные кланы, ни даже общественное мнение как таковое. Всего он добился сам, как добивается простой, но оборотистый мужик достатка, потом и кровью поливая свою нивку, становясь на ней сначала кулаком, а потом и помещиком.

Вот вам, читатель, очень краткий перечень того, чего достиг за 82 года жизни этот актер, режиссер, педагог, строитель, общественный деятель и едва ли не самый влиятельный в России культуртрегер — созидатель. В театре «Современник» он сыграл 36 ролей. В МХАТе имени Чехова — 14. В нем же сам поставил 17 спектаклей. На телевидении у Табакова 12 крупных работ. В кино он снялся более чем в 120 фильмах. Сам поставил 4. Озвучил 27 мультфильмов. Единожды снялся в «Фитиле». Сыграл в 3 радиоспектаклях и написал 2 книги. Построил как минимум четыре театра. Этот воистину титанический труд по достоинству оценен и народом, и государством. Олег Павлович — народный артист СССР, дважды лауреат Государственных премий — СССР и Российской Федерации. Он — кавалер орденов «За заслуги перед Отечеством» всех четырех степеней. В России таких людей не наберется и четырех десятков. А еще он награжден орденами Дружбы народов, Трудового Красного Знамени, Знак Почета. В этом смысле биография Олега Павловича чрезвычайно поучительна для тех, кто способен брать пример с других, учиться у других и делать выводы. И начнем мы ее, как и подобает, с детства героя.

* * *

— Олег Павлович, не сочтите мои слова бахвальством, но я хорошо знаю вашу биографию — все же писал о вас раз двадцать, если не больше, всякий раз обращаясь к первоисточникам. И постараюсь излагать ее елико возможно подробно и точно. Но при этом буду чрезвычайно благодарен вам за любые исправления, дополнения, уточнения и так далее. Ибо прекрасно понимаю: ваши личные воспоминания куда ценнее читателю будут, нежели все остальное, мной написанное. Итак, вы родились 17 августа 1935 года в семье врачей, Павла Кондратьевича Табакова и Марии Андреевны Березовской. Место рождения — город Саратов. Детство провели с родителями и бабушками. А дедов, стало быть, не помните?

— Да, деды ушли задолго до моего появления на свет. Но знаю я о них много. Однажды кто-то из критиков окрестил меня «воплощением русского характера». На самом же деле во мне слились и мирно сосуществуют четыре крови: русская и мордовская — по отцу, польская и украинская — по матери. Я никогда не делал попыток нарисовать генеалогическое древо рода Табаковых — Пионтковских, но историю его, по-моему, знаю прилично. Прадед мой — Иван Иванович Утин — из крепостных крестьян. Вырос в семье зажиточного хлебопашца, который и наградил его своей фамилией. Между прочим, рыл окопы на Сапун-горе во время Крымской или Восточной войны. Дед Кондратий Иванович Табаков работал слесарем в Саратове и был женат на Анне Константиновне Матвеевой. Руки, говорят, имел золотые, однако сильно грешил по части «зеленого змия». А вот мамин отец Андрей Францевич Пионтковский был польским дворянином. Держал имение в Балтском уезде. Обеспечивал зерном едва ли не половину царской армии. Имел дом на Капри и на всех детей (так, на всякий случай) держал в банке по 25 тысяч серебром. Естественно, по приходе советской власти они превратились в прах. Бабушка по матери — Ольга Терентьевна — «из простых». Дед Андрей скончался в конце 1919-го, сполна хлебнув всех прелестей власти пролетариата. (Примечательно, что умер в библиотеке собственного имения! В бурную эпоху экспроприации экспроприированного его содержали, кормили и оберегали «угнетаемые» им крестьяне.) Возможно, и поэтому у меня лично никакой предрасположенности «воспринять сердцем» революционные идеалы никогда не наблюдалось. Достаточно рано я узнал, что эсер дядя Гриша застрелился, тетя Оля, забеременев от директора гимназии, дабы не подвергать любимого позору, тоже кончила жизнь самоубийством. Другой дядя, Толя, довольно рано просветил меня насчет того, что по-настоящему творится в стране и в обществе, а не пишется в газетах и говорится по радио. Он был за старшего в нашей семье, поскольку отец ее бросил, когда мне исполнилось 14 лет. На всю жизнь я запомнил эту боль, становившуюся особенно нестерпимой в гостях у друзей, где были отцы. Моя последняя женитьба растянулась на много-много лет именно из-за той боли. Мать моя была женщина гордая, красивая и наверняка могла бы замечательно устроить свою личную судьбу, но на ее руках находились я и моя сводная сестра Мирра. Жили мы скудно: покупали мешок картошки, бабушка солила в кадках капусту, помидоры, огурцы. Поскольку у меня, как уже отмечалось, четыре крови: польская, мордовская, русская и украинская, то в нашем доме все эти кухни были представлены хоть и скудно, но достаточно разнообразно. Поэтому у меня культура еды очень высокая, и я об этом везде говорю с гордостью, даже хвастаюсь».

* * * *

...Олежка появился на свет от большой родительской любви. Этот момент принципиальный. Как и то обстоятельство, что воспитывался малец в тотальном семейном обожании. Все дело в том, что мама Мария Андреевна была замужем в третий раз. Первый ее муж Андрей Березовский застрелился в припадке ревности. Второй, румынский революционер Гуго Юльевич Гольдштерн, дослужился до замнаркома здравоохранения Молдавии. Выполнял различные поручения советской разведки в Австрии и Германии. Погиб при исполнении задания. От брака с ним родилась единоутробная сестра Олега Мирра. Но и отец — Павел Кондратьевич Табаков имел от предыдущего брака сына Евгения. Так что Олега растили исключительно любящие люди: мама, папа, баба Оля, баба Аня, мамин брат дядя Толя и его жена Шура, сводные брат и сестра — Женя и Мирра. Правда, этот относительно благополучный период в становлении будущего большого русского актера длился недолго — до начала Великой Отечественной войны. Когда Олегу исполнилось 14 лет, отец вообще покинул семью. Но самые что ни на есть основные, изначальные, базовые годы воспитания, которые великий писатель Лев Толстой очертил периодом до семи лет, прошли для пацана в счастье, свете и радости. Они, по существу, и сформировали тот замечательный и неподражаемый характер, которым обладает Олег Табаков. Он всегда терпелив, доброжелателен, умеет ладить с самыми разными людьми, уверен в себе и упорен. Плюс слегка, ну самую малость, — эгоистичен. А и могло быть иначе, если у тебя было семь нянек.

* * *

По утверждению Олега Павловича, он хорошо помнит себя с трех-четырехлетнего возраста, на даче близ Саратова. Семья снимала часть дома соседей Зайцевых, с дочерью которых, Марусей, Мирра впоследствии училась в мединституте. Рядом с дачным домиком протекала небольшая речушка, настолько чистая, что просвечивались камушки на ее дне. Олежка мог бы запросто переходить ту речку вброд, но был, увы, весьма трусоват. Кстати, и это качество характера он пронес затем через всю жизнь, боролся с ним, но окончательно так и не изжил, однако никогда и нигде его не скрывал. Многие ли из нас позволяют себе подобное самообличение? Единицы. Но если задуматься, то смел не тот, кто безрассуден, а тот, кто, прекрасно зная себе цену, добивается цели. Табаков в этом смысле уникален. За долгую жизнь в искусстве он практически не предал забвению ни одного своего творческого замысла. А через какие тернии при этом прошел, одному Богу известно.

Все мы родом из детства. Истина столь же тривиальна, сколь и верна. Детство на всю жизнь — наш самый надежный репер и самый точный ориентир. И мы, по логике вещей, должны черпать из него, как из бездонного колодца или неиссякаемого источника. Не у всех, к сожалению, получается. Но детство Табакова — всегда при нем. Быть иначе у настоящего творца и не может.

«Весь мой природный сантимент, чувствительность и некоторая плаксивость — оттуда, из украинских песен маминой мамы, бабы Оли: «сонцэ нызенько, вечир блызенько»... Наряду с тем, что я узнавал родной язык и взрослые обучали меня квалификации происходящего в жизни по-русски, я имел всему этому довольно мощную альтернативу в метафорической ласковости украинского языка. Можно сказать: «хулиган». А можно возмутиться: «урвытэль». Или: «Ну, уже гиря до полу дошла», — пишет драматург Михаил Рощин. А вот баба Оля в таких случаях говорила: «Підійшло

під груди, нэ можу більше». Эти словосочетания странным образом объясняли мне рождение импульсов на тот или иной душевный поворот. И как последующий результат: мне никогда не нравилась сентиментальная украинская литература — Михаила Коцюбинского, Ивана Франко, Ольги Кобылянской или даже стихи Леси Украинки. Но вместе с этим, когда я читаю у Гоголя: «...нет уз святее товарищества», — сразу начинают источаться слезы, потому что Гоголь для меня фигура душевно близкая. Не потому, что я тоже умру от голодания, нет. А вот что за мысли приходят в голову не мне одному? Возможно, это Чичиков едет в бричке, и, что возможно, он — отчасти — черт, только посланный вот в такую долговременную командировку в российские земли... И многое, многое другое. «Слышишь ли ты меня, сынку», — и я опять начинаю плакать. — «Слышу...». И ничего с собой поделать не могу, потому что моя психика отзывается на уровне генетическом. Я даже не могу комментировать ничего. Просто так чувствую.

В то же время, при некоторой эмоциональной невоздержанности, я, если выражаться по-польски, человек «гжечный» — вежливый. Знаете, как ведут себя польские паны? Этакое постоянное подчеркнутое соблюдение политеса, формальное выражение условностей поведения. Нечто сродни американской улыбке. Боже упаси, никогда не считал себя сильно воспитанным или галантным, но даже при полном неприятии человека всегда, хотя бы формально, сохраняю некие элементы любезной «гжечности». Как мне кажется.

О русских чертах в себе умолчу. Как-то не хочется рассуждать о «национальной гордости великороссов». Хотя, когда речь заходит хотя бы о таких моих значимых ролях, как Балалайкин, Адуев, Обломов, этого никак не избежать. Ну русский я...

Что же касается финно-угорской группы моей крови... Полагаю, далеко не случайным то обстоятельство, что из двадцати спектаклей, поставленных мною за рубежом, половина приходится на Венгрию и Финляндию! Вряд ли, приглашая меня в эти страны, кто-то подсчитывал или прикидывал процент родственных кровей. И все-таки... темпераменты совпадали».

* * *

...А мне в этом месте почему-то вспомнилось, как отреагировал Олег Павлович на нелепо-драматические события, происходящие на Украине: «Украинцы и так-то не очень просветленные. Это как бабушка иногда говорила: «Та плюнь ты на ных! Воны ж тэмни и нэграмотни люды». Беда в том, что люди нормальные будут страдать от того, что нормальная информация к ним никак не попадает... Я жалею их. Они в каком-то смысле убогие. Скажу даже крамольную мысль. Во все времена — их лучшие времена — их самые яркие представители интеллигенции были где-то на вторых и третьих позициях после русских. И поэтому мне сейчас неловко за них». Тут весь пафос даже не в самом градусе критичности оценки, хотя, согласись, читатель, не многие наши признанные деятели культуры позволяют себе столь правдивый и принципиальный взгляд на творящиеся безобразия в родственной стране. Важно другое: Табаков поверил, в смысле соотнес свою нынешнюю позицию с нравственными категориями, заложенными в детстве.

В самом Саратове Табаковы жили в так называемом «бродтовском» доме, который до революции принадлежал известному саратовскому врачу, доктору Бродту. На двух этажах проживало семь семей. Мама Мария владела огромной комнатой в сорок пять метров, а отцу удалось заполучить двадцатиметровую комнату за стеной. Входы в родительские квартиры были через разные подъезды, но общаться можно было... через книжный шкаф. На верхних полках стояли книги, а внизу была приличная дыра, через которую маленький Олег свободно перемещался из комнаты в комнату.

* * *

Олег Павлович всегда подчеркивал, что почти все его детские воспоминания по большей части окрашены гастрономическими красками. Обжорой и сластеной он всегда был и остается жутким. Однажды заметил: «Жить буду, помирать стану, а таких помидор, как делали мои бабушки, больше нигде не попробую». Странное дело, но и я, когда вспоминаю собственное детство, обязательно в воображении появляются бабушкины «квашеные помидоры». Не соленые, а именно квашеные, как яблоки — мочёные. Вот ничто из других обильных солений, а это самая дешевая пища бедного люда, в памяти не осталось, а вкус тех помидор помнится. Хотя к насыщению собственного желудка я всегда относился со стойким равнодушием. Олег Павлович слыл поэтом и певцом еды с самого раннего детства: «Наши саратовские кухни были весьма многополярны. Пирог бабы Ани с тонким слоем теста и большим толстым слоем мяса, который погружался в бульон, налитый в тарелку, и посыпался укропом в сочетании с не бог весть каким дорогим, но великолепным саратовским соленым помидором, до которого только дотронешься — и он уже взрывается, поливая все своим прекрасным вкусным соком. И — свинина с черносливом, которую готовила баба Оля. А уж баба Катя, молдаванка, ее фамилия была Гензул — по родству являлась матерью жены моего дяди Анатолия Андреевича, маминого брата, была по образованию повар и готовила просто фантастически — и ореховый струдель, и борщ с пампушками (кстати, язык бабы Кати тоже был наводнен украинизмами. Вместо «что вы там мечетесь или скачете» баба Катя говорила нам, детям: «Ну что ж вы гасаете, окоянни?»). В результате все это великолепное разнообразие национальных кухонь сформировало во мне очень высокую культуру еды. Если уж есть осетрину на вертеле, то с гранатовым соусом, если... Впрочем, об этом я могу рассуждать бесконечно».

Игорь Кваша часто вспоминал и рассказывал о том, как в молодости Олег Табаков любил вкусно и обильно поесть. Его друзья знали о том, что у него в холодильнике всегда есть запасы продовольствия на неделю вперед. И они часто устраивали «налеты» на его жилище. Несколько человек держали хозяина за руки, а остальные в это время шарили по тумбочкам и шкафчикам, поглощая все съестное. Одному из них пришлось за это поплатиться. Когда Олег Ефремов заболел, друзья принесли ему мед, печенье, фрукты и прочую снедь. Олег Табаков пришел его проведать и съел все, что нашел. Ефремов возмущался и прогонял налетчика, а тот невозмутимо изрек: «Спасибо, дорогой тезка! Завтра еще зайду» — и гордо удалился. Табаков всегда был настоящим гурманом и советовал друзьям, в какие рестораны нужно заходить почаще, а какие лучше обходить стороной.

Любовь к еде, похоже, вообще наследственная черта Табаковых. Сын Павел: «Мой папа предпочитает всем прочим яствам мясо. И прежде всего — шашлык из очень хорошей баранины. А вот предпочтения какой-то одной национальной кухни у него не наблюдается. Я тоже в этом смысле пошел в папу — люблю поесть. Но в отличие от него не ем рыбу. Аллергия. Зато поглощаю всяческие сыры. Отец часто повторяет: «Если человек не любит вкусно поесть, это серьезно настораживает». Это, по-моему, не столько парадоксально, сколько мудро. Помните, в фильме «Москва слезам не верит»: «Работнику давали много есть. Если он плохо ел, его не брали на работу».

«– Антон, в том, что вы бросили артистическое поприще и перебрались на поприще кулинарное, наверняка сказалось отцовское наследство — он у вас слывет изысканным гурманом.

– Мне трудно сказать что-либо определенное по этому поводу. Могу лишь заметить, что когда Галина

Волчек усиленно пыталась обучить меня театральной премудрости, я очень быстро забывал ее уроки по сценическому мастерству, но до сих пор помню вкус ее удивительного борща.

— Недавно (интервью в «Российской газете» 2004 года) вы открыли очередной свой ресторан. Какой по счету?

— Десятый. В Доме архитектора. Он так и называется — «Архитектор».

— В рестораны Табакова всегда заглядывали знаменитости. Клод Ван Дамм и Пьер Ришар колдовали на кухне, бывший спикер Госдумы Геннадий Селезнев с депутатами встречали Новый год... Оторвались вы от народа, Антон Олегович!

— Ничто человеческое и сильным мира сего не чуждо. Им тоже нравится вкусно поесть, комфортно провести время. Но в скором времени я буду открывать сеть дешевых закусочных под названием «Цыпленок табака».

Рецепт от Антона Табакова цыпленка табака: 1 цыпленок, 2 головки репчатого лука, молотый перец черный и душистый по вкусу, соль. Лук прокрутить через мясорубку. Цыпленка разрезать вдоль грудки, развернуть, посолить и поперчить со всех сторон. Затем чуть-чуть подсолить луковую массу. Смазать ею цыпленка. Дать ему постоять в течение 2–3 часов. Снять сверху лук, еще раз поперчить и жарить на растительном масле или топленом жире на чугунной сковородке под большим гнетом. Сначала обжарить со стороны кожи, потом перевернуть и довести до готовности на медленном огне. Если при протыкании спицей выступит прозрачный сок, то цыпленок готов. Подавать с рубленой зеленью, чесночным соусом и маринованным луком, в который можно добавить немного сухого барбариса.

— Не так давно вышла ваша книга «Кулинарные истории Антона Табакова», которая стала лидером продаж. Как пришла идея ее написать?

— Идею подсказала Нина Гомиашвили, это сестра Кати Гомиашвили. Катя — известный модельер, а Нина — известный фотограф. Так вот Нина предложила мне написать такую книгу, а она сделает фотографии. Ну и все закрутилось...

— Любимое блюдо вашего отца?

— Раки.

— Ваше любимое блюдо?

— Раки. Может, потому что я родом из Саратова, может, из-за моего знака зодиака (я Рак по Гороскопу), но все, что связано с членистоногими, представляет для меня интерес. Прежде чем варить рака, надо его выбрать. Тут своя наука. Во-первых, раков, как и устриц, лучше есть в те месяцы года, в названии которого есть буква «р». В эти месяцы они вкуснее. Далее: раки делятся на девочек и мальчиков. Кто-то любит тех, кто-то других. У девочек мяса меньше, но у них есть икра. Определяется же рачья половая принадлежность по размеру хвоста: у девочек — шире, у мальчиков — длиннее. Имейте в виду: крупные раки бывают пустоваты. Так что лучше брать средних, зато побольше.

Рецепт от Антона Табакова. Существует масса легенд, что варить раков надо в пиве или в шампанском. Ничего подобного. Варят их в воде. Вода, крупная соль и укроп. Все. Если, конечно, вы хотите съесть потом собственно раков в их натуральном виде. Все остальные добавки просто изменят вкус. Пропорций как таковых нет. Воды — чем больше, тем лучше. И ракам будет всплывать просторней. На один килограмм раков брать 5 л воды, 1 ст. л. крупной соли, пучок свежего или горсть сухого укропа. Раки закладываются в кипящую воду. Время варки около пяти минут после нового закипания воды. Раки краснеют и всплывают. Кастрюлю нужно снять с огня, но не спешите вылавливать раков тут же. Они должны настояться в бульоне 20 минут. Еще лучше дать им возможность постоять ночь. Но я не требую от вас невозможного. Если вы любите поострее, бросьте в кастрюлю сразу после закипания 1—2 стручка красного перца. Гурманы еще добавляют примерно 1 кг зеленого перца — прямо со стручками, целиком, с семечками и ножками. Можно также добавить 3—4 головки чеснока, какие-нибудь травы вроде бадьяна или дополнительно пучок укропа. Соус к ракам готовится на основе майонеза. Майонез лучше использовать самодельный. В него добавляется немного васаби, мелко нарезанный укроп для запаха, по желанию — толченый чеснок. Я еще люблю положить немного красной или черной икры для пикантности. Все это отцу очень нравится».

Искусствовед, театральный критик и друг Табакова Анатолий Смелянский: «Пища духовная в аффективной памяти Олега Табакова тесно соседствует с пищей телесной. Можно сказать, что жизнь он, прежде всего, ощущает на вкус и поглощает. Помнит, какой шоколад был в военные годы, как он питался в годы студенческие. Помнит обиду на Ефремова со товарищи, которые объедали его на Тверской-Ямской улице («раскулачивали» — скажут объедавшие). Вкусная подлива не просто вымакивается хлебным мякишем, но еще вылизывается им до основания. Так было, наверное, в военные годы, но эту привычку он сохранил до нынешних сытых времен. Ритуал завершает обычно «смертельным номером» — облизыванием ножа. У неподготовленной публики, сидящей с ним рядом за торжественным ужином, брови вздыбливаются дугой покруче, чем у Михаила Чехова в «Эрике XIV».

У него с собой всегда были какие-то баночки, коробочки, леденцы, морс. Иногда начинает ректораты или совещания с одаривания присутствующих чем-нибудь съестным: люди закусили, или даже выпили немного, и поняли свою общность. Самые ходкие в его лексиконе метафоры тоже идут из растительного мира. Все самое лучшее в жизни произошло у него в Саратове. Сравнение с бабушкиными помидорами, которые она отбирала на рынке под засолку, отбирала «как для себя», применяется и к системе отбора учеников, и к самой школе. Этими же саратовскими помидорами могут посрамляться все иные театральные злаки, выращенные не бабушкиным методом. В день 60-летия ему «с намеком» соорудили на сцене МХАТа огромный пиршественный стол, и он на протяжении трех величальных часов на глазах всего отечества поглощал яства. Это не только человеческая, но и актерская физиология. Это — его раблезианская страсть к жизни, к ее плотской простой основе. Он эту тему тоже подчеркивает, то есть играет, потому как в его быте нет ничего такого, что бы он актерски не закрепил. Человек, который так любит поесть, просто обязан презирать всякое головное построение, все хилое, вялое, болезненно загадочное или мистически невнятное в театре. Сталкиваясь с таким театром, он чаще всего «падает в объятия Морфея». Этому своему Морфею доверяет. Раз тело не принимает, тут и искусства наверняка нет. Театр он понимает как эмоциональное, чувственное заражение одного человека другим. Вопреки Константину Станиславскому даже действие на сцене он подчиняет чувству».

Итоги по детству Табакова, в которых не боюсь повториться. В основном оно состояло из праздников. «Мне четыре или пять лет, перед войной. Новый год. Я болею коклюшем, но страданий особых не испытываю. Мне дают удивительно вкусную и сладкую вишневую настойку. Долгое время встреча Нового года была запрещена в Советском Союзе, но вдруг, в тридцать девятом, — разрешили. Фантастическое впечатление от появившегося в комнате душистого и нарядного дерева. Елочные игрушки тогда в магазине не продавались. Так мастеровитый и рукастый отец взял и выдул их из стекла сам, со своими золотыми руками и талантом. Для детей! А тетя Шурочка клеила игрушки из бумаги, а потом сама их втайне от нас раскрашивала. Чтобы праздник детям был! Сказка, да и только!»

* * *

Все безоблачные радости разом кончились летом 1941 года. Огромную страну накрыла гигантская, невообразимая для слабого человеческого понимания война. Началась совсем иная жизнь.

Войну Табаков помнит той самой глубинной, нутряной, почти генетической памятью, которой суровое время снабдило или наградило весь огромный советский народ. «Многое, многое мне дала война. Не зря Рощин написал: «Будь проклята война, наш звездный час», имея в виду, что библейское выражение «человек человеку брат» в наибольшей степени приближения было реализовано между людьми в этот отрезок времени».

«Отрезок» в 1418 дней и ночей, без преувеличения, самое трудное, тревожное, но и самое незабываемое для Табакова время. Человек он ярко выраженных демократических, временами почти что либеральных взглядов и убеждений. Но когда дело касается судьбоносных, императивных понятий, связанных с Россией и ее тысячелетней государственностью, Олег Павлович — патриот до мозга костей. Если Табакову задают вопрос: «Чей Крым?», он безо всяких экивоков отвечает: *«Украина, братцы, никакого отношения к Крыму не имеет. Буде наши братья украинцы малость поразумнее, они бы признались хотя бы сами себе: да мы хапнули полуостров на халяву».* Равно как и невозможно себе представить этого выдающегося актера с мировым именем вне «Бессмертного полка», который каждый год в победный день собирает миллионы просветленных памятью наследников героических защитников Отечества. Оно и понятно: отец Табакова ушел добровольцем на фронт уже июне 1941 года. А мог бы остаться в тылу, если бы хоть чуточку постарался, поскольку он был научным работником, а им полагалась броня. Некоторые родственники на том и настаивали. Но он с брезгливостью отвергал любую сделку с собственной совестью. Домой вернулся только после окончания Второй мировой войны. То есть тянул лямку еще несколько месяцев после того, как отгремели салюты Победы. Служил он начальником военно-санитарного поезда № 87. Объездил большинство фронтов Великой Отечественной войны. Побывал на Кавказе, на Южной Украине, под Сталинградом, в Румынии. Почти год вывозил раненых из того самого Крыма. Сколько раз его состав становился мишенью для воздушных бомбардировок — не счесть.

Лишь на втором году войны, обустроившись как следует на службе, Павел Кондратьевич стал присылать «аттестат» семье в Саратов. В основном то были деньги — тысяча двести рублей, на которые можно было на рынке купить пять-шесть буханок хлеба. Но случалось, что отец присылал и посылки. Одна из них оказалась натурально сказочной и потому особенно запомнилась мальчишке Олежке: американская тушенка, крупные яблоки и… мандарины! Плюс детская книжка в стихах: «Это — «Юнкерс»,/ Так и знай,/ Поскорей его сбивай!» Семилетний Олег написал длинное благодарственное письмо, в котором призывал отца не жалеть гадов-фашистов, нещадно бить их и поскорее возвращаться домой. И перечислил всех многочисленных домочадцев, которые ждут не дождутся с войны папу-героя. Подписано то письмо было, прямо скажем, оригинально: «Маршал Лелик Табаков». Подобное детско-инфантильное представление о войне быстро улетучивалось. Туда, ближе к победным салютам, Олег напрочь перестал думать о ней как о чем-то возвышенно-героическом. Жестокие тяготы и невзгоды тылового лихолетья заставили его взрослеть ускоренным темпом.

В годы войны родители все более удалялись друг от друга. Почему это происходило? Кто теперь может ответить на такой сакраментальный вопрос? Наверное, сказывалась длительная разлука. Возможно, отец был расстроен тем, что мама не последовала с ним на фронт, чего он сильно желал. Как бы там ни было, но первое время он писал маме нежные письма онегинской строфой (очень любил Пушкина, знал наизусть и «Евгения Онегина», и «Графа Нулина»): «Встаньте, строчки, смирно,/ В затылок чище становись!/ И — шагом марш дорогой длинной./ Запру я вас в конверт унылый/ И отошлю к подруге милой...» Эти страницы, заполненные каллиграфическим отцовским почерком, Олег Павлович хранит, а главное, помнит их содержание. Они для него, как нравственная азбука.

Павел Кондратьевич, безусловно, обладал особым мужским шармом. Имел дар ухаживать за женщинами. Не зря же пять раз женился. И — всегда по любви. Под занавес войны ему исполнился сорок один год, а его новой жене, Лидии Степановне, по совместительству отцовской секретарше, было чуть больше двадцати. Они поселились в той самой комнате через стенку, в которую маленький Олежек проникал когда-то через книжный шкаф-переход. Теперь его замуровали. Олег, однако, часто наведывался к отцу в гости. «К отцу в гости» — согласись, читатель, это особое состояние для подростка в четырнадцать лет. Олег, конечно же, сильно переживал от того, что родители не жили вместе, под одной крышей. Но в трагедию или в душевную травму те переживания не превратились, прежде всего, потому, что и отец, и мать прекрасно понимали: сын не должен страдать из-за их разногласий. И все они мирно сосуществовали. И по сей день отец остается для Табакова одной из самых значимых человеческих фигур во всей его жизни. Основные деловые качества характера — работоспособность, организованность, умение многое держать в голове и очень редко ошибаться, конечно, унаследованы артистом от Павла Кондратьевича.

«Отец мой был по самой своей сути настоящим русским интеллигентом в первом поколении. Что-то неуловимо чеховское было в основе его жизненной философии, его нравственных координат. Прежде всего — ирония как душевная потребность, самоирония как броня и защита от внешнего мира. С другой стороны, как чрезвычайно продуктивный творческий метод — все подвергать сомнению. Человеческое достоинство он умудрялся не терять ни в повседневной жизни, ни на войне. Умница, спортсмен, хороший шахматист, он был тем самым аккумулятором, от которого заводились люди, машины, женщины и дети. Вспоминая о его способности увлеченно и доступно говорить о химии, его ночные беседы с моим старшим сыном Антоном, я с горечью думаю: Господи, как же у него не дошли руки написать что-то увлекательное для детей и юношества. Ведь помимо всего прочего, у него наблюдался редкий талант заниматься с детьми увлеченно, а не по необходимости. И с их стороны было к нему какое-то особое доверие. Без позерства

могу сказать, что это качество я унаследовал от отца: дети бывают поразительно доверчивы по отношению ко мне. Зависимость тут очень прямая: ребенок, как всякое молодое, развивающееся существо, очень чутко выбирает в окружающем мире то, что по отношению к нему настроено по-доброму, ласково, нежно. И поскольку подобного в мире не так уж много, то дети сразу же и безошибочно отыскивают источники добра, прямо как самонаводящиеся радары».

А еще острый на язык Павел Кондратьевич очень любил музыку. Именно поэтому она вошла в сознание его сына, что называется, с молоком матери. Вся Изабелла Юрьева, Вадим Козин, Джапаридзе, Лемешев, Козловский, поющий не только арии из классических опер, но и романсы, — эти и другие музыкальные сочинения Олег Павлович помнит до сих пор. И даже может изобразить очень смешную интонацию, с которой его отец пародировал Изабеллу Юрьеву: «Милый дрю-ю-к, нежный дрю-ю-к».

Умер фронтовой врач, кавалер ордена Красной звезды и великой солдатской медали «За отвагу» Павел Кондратьевич Табаков от инсульта на семьдесят восьмом году жизни. Неординарный, многогранно талантливый человек, он, конечно же, не раскрыл свой потенциал до конца. За него это сделал его сын. *«Отец никогда не говорил о том, чего не знал. Я даже не могу себе представить его, суесловящим на темы, которые, ну как бы это сказать, не входили бы в сферу его компетентности. И наоборот: мера его компетентности в своей профессии была очень высока. Ну* не зря же сотрудники говорили: «*Если чего не знаете, спросите у Павла Кондратьевича*». Все, кто хотя бы немного общался с отцом, называли его «живой энциклопедией» — так велик и точен был объем его знаний. Господи, как бы я хотел пожелать сыновьям своим успеть насытиться мною, ибо чем дольше я живу, тем больше понимаю, как мало я был с отцом — и с матерью тоже, но с отцом особенно. И если было у кого поучиться человеческому достоинству, то, прежде всего, у него. Судьба посылала ему серьезные испытания, и нельзя сказать, что его жизненный путь был составлен из одних побед — нет, но, наверное, было что-то магическое в этом человеке, что, по сути дела, и есть человеческий талант. Это ощущали люди в Падах, где на закате жизни он в санатории занимался совсем простыми врачебными делами, в «Микробе» — закрытом научно-исследовательском институте, где он работал многие годы, в военно-санитарном поезде, с которым прошел всю войну. Мне было восемь или девять лет от роду, когда этот поезд прибыл на станцию Эльтон, где простоял несколько часов, пока раненых транспортировали в госпиталь, и я прекрасно помню, как смотрели на отца сестрички, кормившие меня молочной рисовой кашей с компотом. И самое, пожалуй, горькое и сильное испытанное мной чувство, когда мы со старшим сыном Антоном опоздали с самолета и подъехали к дому, откуда уже выносили гроб, и я увидел, как много народа хоронит этого пенсионера! Мало того, когда мы подъехали на панихиду к институту «Микроб», там тоже стояла толпа людей. Я не знал, что он так много значил не только для семьи, для друзей, для *коллег, но и для тех, кто был с ним просто знаком. Вот это вот, наверное, укор. Вина перед отцом, время от времени оживающая во мне.*

Конечно, я счастлив тем, что он бывал на моих спектаклях и видел, что ремесло, избранное мною, значимо, что ли, для большого количества людей. Я всегда очень волновался, зная, что он приходил. У отца были свои суждения о том, что я делал. Как ни странно, я никогда не слышал от него похвалы. Не потому, что он не хотел, а потому, что такой он был человек — ну, как-то неловко... неинтеллигентно даже! Он выражал свое одобрение, наверное, своим желанием увидеть еще что-нибудь — самым главным, на мой взгляд, способом, а не словесной шелухой. Это у меня от него — я с большим трудом выношу комплименты в свой адрес. Кстати, и в молодости в подобных случаях либо начинал усиленно рассматривать пол, либо всячески старался сдабривать иронией приторность хвалебных речей. Может быть, потому, что я унаследовал от отца и другое его свойство: он знал себе цену. Никогда не терпел фамильярности по отношению к себе и не допускал ее по отношению к другим».

* * *

В разгар лютой зимы 1942 года тяжело заболела брюшным тифом мама. Комнату перегородили. В большей части поместили больную, меньшая осталась для детей. Даже выкарабкавшись из инфекции, Мария Андреевна долго не могла встать на ноги. Так истощила ее жуткая болезнь. Сердобольная, она любой кусок съестного отдавала Олегу и Мирре. Поэтому тетя Шура, принося куриный бульон, скармливала его больной, зорко следя, чтобы «мелюзга» не поживилась. Все ценное из дому было отнесено на рынок и продано. Бабушки скрепя сердце оставили детям «Робинзона Крузо» Даниэля Дефо, книгу Эль Регистана «Стальной коготь», два тома Шиллера и жизнеописания Суворова, Кутузова, Нахимова — марксовские, дореволюционные, очень красочные издания. За долгие годы войны Олег выучил эти книжки наизусть. А читать научился еще четырехлетним. Во многом благодаря маме...

Маме Олега Табакова выпала судьба сложная и извилистая. Она росла девушкой-красавицей среди таких же благородно-красивых братьев и сестер: Вера, Ольга, Мария, Григорий, Анатолий. Все они получили отменное воспитание, которое никакая революция уже не в состоянии была испоганить или вытравить. До мировой войны Мария, как и ее старшие сестры, находилась в пансионе. Возвратившись в семью, девочка Муся поступила в гимназию. И тогда же начались ее страдания. Застрелился старший брат-эсер Григорий. Спустя некоторое время ушла из жизни старшая сестра Ольга. Забеременев от директора гимназии, она, не желая подвергать любимого человека позору, покончила с собой. Застрелился в припадке ревности и первый муж Марии Андреевны. Погиб при исполнении служебных обязанностей разведывательного характера второй муж. По-настоящему счастливой она была только с Павлом Кондратьевичем. Но и это счастье длилось недолго. После развода с ним Мария Андреевна безо всякого труда могла бы устроить собственную судьбу. Она, что называется, до седых волос пользовалась у мужчин успехом, если не сказать большим успехом. Но имея на руках двух детей, Мирру и Олега, целиком себя им и посвятила. Как человек долга, она поменяла свою женскую судьбу на детей. Исконная русская традиция.

Из-за вечной нужды Мария Андреевна после войны почти всегда трудилась на двух, иногда даже и на трех работах. Будучи рентгенологом, она, как заправская многостаночница, успевала подменять своих коллег по другим специальностям. Поэтому уходила из дому в полдевятого утра и возвращалась в полдевятого вечера. Так годами, изо дня в день. Места, в которых она трудилась, были тоже весьма специфическими: кожно-венерологический диспансер и поликлиника облпартактива. Определенная элитарность и избранность контингента в партактивской поликлинике контрастировала с пестрым набором посетителей диспансера, куда больные шли с триппером, трихофитией, лишаем гладкой кожи, экземой. Мария Андреевна их всех лечила с увлечением и добросердечностью. Пациенты ее просто обожали. Олег Павлович часто вспоминает о том, как его мама с помощью рентгена вылечила лишай на голове у одного из детей знаменитого иллюзиониста Эмиля Кио.

С каким энтузиазмом Мария Андреевна отдавала себя медицине, с таким же безразличием относилась к собственному быту. Она вполне всегда довольствовалась платьями, кофточками и юбками, которые регулярно перешивались, комбинировались и усовершенствовались. Новые и красивые вещи у нее появились лишь тогда, когда сын-любимец Олег стал очень прилично зарабатывать. А вот к тому, что мы обычно понимаем под термином «прекрасное», Мария Андреевна тянулась всегда и с интересом неизбывным. Она всегда с педантичной аккуратностью посещала концерты приезжавших в Саратов гастролеров — Рихтера, Дмитрия Журавлева, Вертинского, балерины Марины Семеновой. При этом никто даже не догадывался, чего ей стоила столь завидная регулярность посещения того же саратовского театра или консерватории имени Собинова.

«Я помню пару раз, когда мама, садясь с нами ужинать, говорила: «Деточки, у нас до зарплаты осталось столько-то, но я бы очень хотела пойти на концерт, вы не против?» И мы от души отвечали: «Конечно, иди, мама!» — не осознавая грядущих прорех в семейном бюджете».

Воспитанная на лучших традициях русского гуманизма, Мария Андреевна всю жизнь искренне и душевно исповедовала великий христианский принцип помощи ближнему. Сама ее сущность была «воспомоществовательной». Она всегда и во всем помогала не только собственным детям — всем своим многочисленным саратовским друзьям и добрым знакомцам. Выйдя на пенсию в шестьдесят четыре года (!), она отдала свою единственную комнату внуку Андрею, сыну Мирры, чтобы тот смог выстроить себе кооператив. При этом сама осталась без жилья и как бы вынужденно переехала к сыну Олегу в Москву. А раньше никак не соглашалась, чтобы не быть ему обузой.

Мария Андреевна не обладала ни малейшими педагогическими задатками. Прежде всего, потому, что напрочь была лишена строгости. Чтобы отшлепать сына или дочь по попе — да никогда в жизни у нее рука не поднялась бы. А вот дружить умела очень содержательно и преданно. Круг ее подруг в Москве был не очень велик: две старые большевички, Мария Арнольдовна Арнази — свояченица Тихона Хренникова, и мама артиста из «Современника» Валентина Никулина. Она вообще великолепно ладила со всеми друзьями своего крепнущего во всенародной популярности сына и потому очень высоко ценила любое к нему дружеское отношение, никогда не пытаясь его как-то исправлять, направлять или корректировать. Она была чрезвычайно терпимым человеком.

«От мамы на меня всегда исходило ощущение доверия. От нее я унаследовал психологическую остойчивость — сопротивляемость крайним психологическим ситуациям, жизненным стрессам, когда энергия твоего оппонента навязывает тебе нечто, что ты принять не можешь. Или когда сама жизненная ситуация ставит тебя вроде бы как в безвыходное положение. В этих случаях в запаснике души человека должно срабатывать некое МЧС, которое и убережет его от крайностей, подскажет правильность поведения. Конечно, есть правила, нарушать которые нельзя. Нельзя свинничать, нельзя хамить. А если это случилось, необходимо извиниться. Мне было неловко за людей, которые ударяли меня. Ответить ударом на удар — все равно, что уподобиться шимпанзе. В детстве я раза два ходил в боксерскую секцию, где оба раза мне в кровь разбивали нос. И, хотя я тоже разбил кому-то нос, таким это занятие мне показалось некрасивым и скучным, что конечным выводом было: «Нет, это мне не нравится, и этим я больше заниматься не буду». Психологическая остойчивость — это поддержание определенных взаимоотношений, которые тебя устраивают, между тобой и окружающими тебя людьми. Люди «слушаются» меня потому, что моя воля никогда не несет в себе попытки разрушения личности контактирующего со мной. Мама была именно таким человеком. От нее я узнал, что личная свобода человека не должна ущемлять свободы окружающих его людей. Что человек, будучи очень высокой организацией, очень отзывчив на регулярность добра и отсутствие раздражения. Что очень важно не попрекать добром, потому что даже самое хорошее портится, когда напоминают: «Тебе вот что, а ты вот как...» Это плохой способ для воспитания, и мама к нему никогда не прибегала.

И в последние годы она жила моими заботами, наблюдая, как подвальными ночами материализуется моя мечта о театре. Ее не стало, когда ребята из первой моей студии перешли на третий курс. Я взрослым-то стал, когда мама умерла. В тот день я репетировал «Обыкновенную историю» в подвале на Чаплыгина. Вдруг пришли Люся и Галя Волчек. По тому, как молчала Люся, я понял, что случилось...

Как только в моей жизни, в моем деле начинаются проблемы, я сажусь в машину и еду в Долгопрудный, на кладбище. Приберусь, помою камни, постою *рядом с могилой — и выравнивается не только в душе, но и, чудесным образом, в делах. Моя инстинктивная потребность побыть рядом с мамой всегда приносит мне удачу».*

* * *

Саратов несколько месяцев немцы бомбили. Был разрушен, в частности, большой нефтезавод «Крекинг». Но уже после Сталинградской битвы бомбежки прекратились. А голод и холод остались. Люди спасались от них кто как мог. Дядя Толя сумел устроить сестру в действующую армию. Для этого ей следовало перебраться в поселок городского типа Эльтон, расположенный на севере Прикаспийской низменности. Немцев оттуда уже выгнали, однако местность долго еще оставалась районом боевых действий: не прекращались бомбежки, и даже случались артиллерийские обстрелы. Так что путь длиной в четыреста километров товарняк, в котором ехали переселенцы, преодолевал неделю.

Марию Андреевну назначили врачом-терапевтом в госпитале № 4157. Раньше там была отличная бальнеологическая лечебница, в которую подвозились грязи по узкоколейке. Война ничего не изменила в налаженном процессе лечения: выздоравливающие бойцы получали грязевые ванны и аппликации. Раненых доставляли со всех фронтов.

В Эльтоне восьмилетний Олег пошел в школу. А в больничной палате маминого госпиталя он впервые, если так можно выразиться, заявил о себе как об артисте. В довольно примитивном военном скетче пацану доверили роль, состоящую из одной-единственной фразы: «Папа, подари мне пистолет!» Он ее варьировал на все лады, с различными интонациями и, как правило, срывал приличные аплодисменты. И многие годы спустя, конечно же, имел полное право на утверждения: я, мол, в детстве выступал перед ранеными фронтовиками. Любой другой бы артист, с такой замечательной «патриотической страницей» в своей биографии, непременно бы ею гордился, а то и хвастался. Только не Табаков.

«Если говорить серьезно, тот «сценический» дебют военной поры к последующей моей артистической карьере не имел ровно никакого отношения. Как сейчас понимаю: для раненых я был вовсе не начинающим артистом, а малым существом, ребенком, очень напоминавшим им оставленных дома собственных детей. Само мое присутствие приводило их в радостное возбуждение независимо от качества «постановки» и моей «игры». Вообще, выступления детей перед ранеными всюду были тогда в порядке вещей. Это сейчас об этом говорят как о чем-то экзотическом. Радио в госпитале не предусматривалось. Поэтому я часто пел для больных: «В боевом, в боевом лазарете,/ где дежурили доктор с сестрой,/ на рассвете умирает от раны герой». Или еще: «Жил в Ростове Витя Черевичкин,/ В школе он прекрасно успевал/ И на волю утром, как обычно,/ Голубей любимых выпускал./ Голуби, мои вы милые,/ Что же не летите больше ввысь?/ Голуби, вы сизокрылые,/ В небо голубое унеслись». За такие

«выступления» перед ранеными я получал от них либо компот, либо рисовую кашу с фруктами. Это была еда «избранных», то есть тяжелых больных».

И все же главной радостью, главным детским удовольствием пацана Олежки был кинематограф. Доставленную в госпиталь киноленту крутили по неделе и больше. Олег присутствовал на всех демонстрациях. Их жилой барак располагался от госпиталя метрах в ста, не более. Так что он всегда успевал прибегать «к началу фильмы». «Перед каждой картиной обычно демонстрировались киносборники. В них с завидным постоянством доминировали «Вальс цветов» из «Раймонды» и фильм «Радуга». В последнем героиня-партизанка убивала фашиста. А потом говорила, глядя на радугу поразительно чистыми глазами: «Радуга — это доброе предзнаменование». «На втором или третьем просмотре чистота ее взгляда как-то меня насторожила. Но более всего в тех сборниках меня смущало явственное несоответствие. Вот все фрицы на экране — такие глупые-глупые. А отец — мой сильный и умный отец все продолжает с ними воевать».

...Пройдут годы. Олег Табаков блестяще сыграет Шелленберга в великом, народном фильме «Семнадцать мгновений весны». Тему этой выдающейся ленты советского кинематографа мы с Табаковым однажды обсуждали довольно пристально. На вопрос: чем особенным запомнилась ему работа в этой великолепной картине, Олег Павлович ответил на удивление обстоятельно, за что я ему бесконечно благодарен: *После просмотра «Семнадцати мгновений весны» председ-*

датель КГБ СССР Юрий Владимирович Андропов отвел меня в сторонку и, как мне показалось, очень так назидательно прошептал: «Олег, так играть безнравственно!» Я как-то присел и не нашелся с ответом. Хотя и тогда и теперь прекрасно понимал: главное достоинство нашей картины — иной взгляд на врага. Раньше ведь у нас все немцы были идиотами, как на подбор. Они бегали по избам с криками: «Матка — курка! Матка — яйка! Матка — млеко!» А мой отец, здоровый, умный, красивый, перворазрядник по десятку видам спорта, никак не мог осилить этих дебилов. Знать, что-то было не так, как нам вдалбливали. В замечательном фильме «Подвиг разведчика» герой Кадочникова говорит своему противнику: «Как разведчик разведчику, скажу вам, что вы болван, Штюбинг». И на самом деле все годы советской власти немцы изображались кругом болванами. Лиознова, подняв уровень врагов, тем самым возвеличила наш народный подвиг. Да, мы воевали с нелюдями по части нравственности, но с мозгами и с мускулами у этих извергов рода человеческого было все в порядке.

С молодости я имею хорошую, как мне сдается, привычку: изучать все, что удается и елико возможно, глубоко, обстоятельно о тех персонажах, которых предстоит воплощать в театре ли, в кино или на телевидении. Так вот про «обаятельного преступника Шелленберга» я «накопал» очень много. В частности, у журналиста Харпрехта, работавшего над книгой воспоминаний Вальтера, вычитал: «Худой, среднего роста, хорошо одет, ни одной запоминающейся черты — он мог бы сойти за обходительного адвоката или бизнесмена средней руки. Несмотря на природное обаяние, его вежливость была слишком нарочитой, чтобы считаться безукоризненной. Голос у него был мягкий, но небрежность, с которой он бросал фразы, сеяла сомнения. Казалось, Шелленберг ставил целью завоевать вас с первых мгновений разговора. Его большие светлые глаза как бы вопрошали: «Ну что, нравится вам этот Вальтер Шелленберг, бывший начальник германской разведки, может ли он по-прежнему производить впечатление на окружающих, как это бывало раньше?» Если в ходе разговора он наталкивался на возражение, то обнаруживал способность неожиданно уступать собеседнику. С обезоруживающей улыбкой он начинал соглашаться с мнением, высказанным оппонентом, капитулируя на условиях, которые старался выговорить мягко и непринужденно. Эта удивительная восприимчивость объясняет его необычайную способность интеллектуальной приспособляемости, которая, несомненно, являлась одним из секретов его карьеры. Такой своеобразный талант к адаптации производил впечатление чего-то ненадежного, а почти женская чувствительность делала настроение Шелленберга переменчивым, как у какой-нибудь кинозвезды, не уверенной более в успехе». Вот в этой характеристике я и нащупал тот самый нерв образа и постарался его воплотить.

Вальтер ведь служил Гитлеру не за страх, а за совесть. И на ней, на этой самой совести матерого шпиона, верного подручного бесноватого фюрера как минимум три миллиона евреев, расстрелянных или отравленных газом. Правда, он никогда не относился к числу нацистских лидеров. Его фотографии лишь случайно попадали в газеты и журналы, имя его было широко известно только в узком кругу мидовских специалистов и разведчиков. Шелленберг принадлежал к числу «золотой молодежи рейха, закулисных мальчиков», тому самому техническому персоналу, что обеспечивал режим диктатуры. Во многом именно поэтому, а также потому, что на заключительном этапе войны Шелленберг деятельно помогал спасать пленных, находящихся в концлагерях, международный суд приговорил его лишь к шести годам тюремного заключения, что было самым легким наказанием среди всех нацистских преступников.

И тем не менее, повторюсь, Шелленберг объективно являлся самым высокоэффективным сотрудником рейха. Будучи всего лишь бригаденфюрером СС, он мог привлекать к участию в деятельности секретной службы лучших специалистов и ученых, начиная с университетских профессоров и кончая простыми мастеровыми. Иногда на него работали сотни, тысячи, десятки тысяч людей как в Германии, так и за рубежом. Благодаря усилиям Вальтера радиоразведка Германии добилась совершенно исключительных успехов, на десятилетия опередив все страны мира, включая и СССР. Радиоигра немцев была столь успешной, что они запросто могли заказывать противнику просьбы о высылке новых агентов, кодов, оружия, денег или взрывчатки. Особенно успешную игру подчиненные Шелленберга вели с московским радиоцентром. Одно время 64 наших радиостанции работали против нас же! Еще в самом начале войны сотрудники Шелленберга сконструировали прибор, передающий несколько страниц информации в течение 2–3 секунд. Ни один тогдашний пеленгатор не мог зафиксировать работу такого аппарата. В разведке Вальтера трудились высококлассные специалисты в области микрофильмирования, тайнописи, шифровки и дешифровки кодированных сообщений. Был специальный отдел, где изготовлялись поддельные документы, печати и паспорта. Химики Шелленберга сделали такой раствор из гемоглобина человеческой крови для тайнописи, который невозможно было обнаружить ни химическими средствами, ни ультразвуком. Его спецы регулярно прослушивали трансатлантический кабель между Англией и США и были в курсе всех переговоров Черчилля и Рузвельта. Одно время они вообще превратили хваленую английскую королевскую секретную службу в постоянный источник финансирования и материального снабжения.

А вот как глава внешней разведки описывает собственный кабинет: «Микрофоны у меня были повсюду: в стенах, под столом, даже в одной из ламп, так что всякий разговор и всякий звук автоматически регистрировались. Мой стол являлся своего рода маленькой крепостью. В него были вделаны два пулемета, которые могли засыпать пулями весь кабинет. Все, что мне нужно было сделать в экстренном случае, — это нажать кнопку, и они тут же начинали стрелять. Одновременно я мог нажать другую кнопку, и вой сирены поднял бы на ноги охрану, чтобы окружить здание и блокировать все входы и выходы. Всякий раз, когда я отправлялся с заданием за границу, я получал строжайший приказ иметь искусственный зуб, в котором содержалось достаточно яда для того, чтобы в случае ареста убить себя в течение тридцати секунд. Чтобы быть вдвойне уверенным, я носил перстень с большим голубым камнем, под которым была спрятана золотая ампула с цианистым калием».

Ну и как ты полагаешь, можно ли было такого противника изображать гротескно-утрированно или как-то по-иному, пренебрежительно, высокомерно? Да нет же, только предельно правдиво, достоверно». Мне племянница Шелленберга открытку прислала с благодарностью за то, что я не окарикатурил ее дядю. Та роль мне здорово прибавила зрительской и народной любви, хотя я и раньше от ее отсутствия не страдал. И этой любовью я был защищен от властей, в ней находил силы для работы».

Если мысль, что вызревала у Табакова с фронтовых киносборников и до «Семнадцати мгновений...», логически продолжить, то мы поймем, что она, на самом-то деле, гораздо глубже, нежели рассуждения по поводу достоверности отдельно взятой удавшейся роли. Она, прежде всего, о том, что мы напрасно долгие годы занимались лакировкой, украшательством собственных побед в минувшей самой страшной войне и принижали мощь и силу нашего врага. А они-то были столь велики и грозны, что никто в мире, кроме советского народа, одолеть их не мог. Да, мы в начальный период войны тотально отступали, потому что не могли надлежаще противостоять напору не только до зубов вооруженной Германии, но и всей Европы за вычетом Англии. Да, многие люди, особенно на Украине, пошли на сотрудничество с захватчиками. И в армии нашей нашлись предатели-власовцы. И знаменитый приказ № 227 «Ни шагу назад!», штрафные роты и штрафные батальоны не от хорошей жизни появились. И враг дошел до столицы, до Сталинграда, взял в блокаду Ленинград. Все это горькая правда, о которой мы все годы советской власти почему-то говорили как бы под сурдинку, стесняясь ее. Но почему? Ведь рядом с этой была и другая, куда более пронзительная и возвышенная правда. На той же Украине и в Белоруссии возникло невиданное по своей массовости за всю историю человечества партизанское движение. Власовцы составляли ничтожный процент от всех Вооруженных Сил СССР. Дружба советских народов была не мифом, а мощнейшим фактором Победы. Не Сталин и не его пропагандисты придумали знаменитую пословицу: «Велика Россия, а отступать дальше некуда». Ну и, наконец, самое главное, не немцы вошли в Москву, а мы взяли штурмом Берлин. Вот величайшая истина, рядом с которой меркнут все прочие разнообразные пропагандистские ухищрения нынешних наших недругов.

* * *

Самой тяжелой утратой Олега за все годы войны стала смерть бабушки Оли. Мать отца всегда была главной заступницей за внука. Особенно в те редкие поры, когда старший Табаков порол младшего, наставляя его на путь истинный. Бабушка всегда молилась, не таясь, и наверняка крестила своего любимого внучка.

Но взрослый Олег Павлович крестился сам. Никогда не лезущий за словом в карман, он по этому поводу всегда отмалчивается. И, думается, правильно делает. Истинный патриотизм, как и всамделишная вера, должны быть стыдливы.

Весть о смерти бабушки дошла в Эльтон обычным солдатским треугольником. Дорога в Саратов по-прежнему оставалась чрезвычайно трудной, но мама, Мирра и Олег успели к выносу тела из дома. *«Меня с ходу усадили на полуторку, возле гроба. Все вокруг причитали, какой я несчастный, и я понимал, что надо как-то выражать скорбь, супить брови, морщить лицо. Но заплакать тогда я так и не смог. Сколько раз, много позже, уже будучи целиком в профессии, я оказывался в противоположной ситуации: реветь хочется белугой, а надо прыгать кузнечиком. И ведь прыгаешь, улыбаешься, давишь свою боль. Смерть бабушки Оли — моя первая жизненная потеря. Первый актерский опыт в смысле силы эмоционального потрясения. Несмотря на все испытания военной жизни, на понимание, что у моих родителей, видимо, не все ладно, такого опыта негативных эмоций, которые обычно не касаются незамутненной детской души, еще не было. Первое горе и осознавалось мною не сразу. С годами. Только живые ощущения составляют базис актерской профессии. Человеческие чувства — единственное золотое содержание нашего довольно жестокого и эгоцентрического ремесла. Если артист обладает багажом пережитых им чувств, он понимает, про что играет, и, значит, у него есть шанс для дальнейшего развития, для движения и самосовершенствования. Дальше он уже сам может* нафантазировать. Человеку с железной нервной системой, способному жить лишь на одной частоте и на одних оборотах, в нашем цеху делать нечего.

У меня есть одно почти патологическое качество — до сверхреальной наглядности представлять себе всяческие беды и напасти, которые могут приключиться с моими близкими и дорогими. Об этой опасной игре воображения как-то писал Михаил Чехов. Он сорвался со спектакля, внезапно во всех подробностях представив себе несчастный случай со своей матерью. Тут стоит только начать — и потом уже невозможно остановиться. Может быть, от этого и умер Женя Евстигнеев: как представил себе во всех деталях процесс операции и все возможные ее последствия. Врачи не должны говорить такие вещи актерам. Знание рождает печаль. Это — истина для меня.

Со смертью бабушки я перешел некий рубеж чувств, пусть и не осознав этого в момент самих похорон. Всю свою взрослую жизнь я приезжаю в Саратов отнюдь не из-за ностальгии по тому, что зовется «школьные годы чудесные». Ради родных могил на двух кладбищах. Баба Оля, дядя Толя, баба Катя, баба Аня лежат на Вознесенском, тетя Шура, отец, его первая жена Евгения Николаевна, мой сводный брат Женя, Наталья Иосифовна Сухостав — на Новом. Другие могилы — уже в Москве».

* * *

После Эльтона Олег Табаков учился в саратовской мужской средней школе № 18. Она не считалась лучшей, хотя по некотором показателям опережала даже элитную № 19. Особого прилежания в учебе не проявлял. Больше налегал на самообразование. И при этом всегда оправдывал надежды школьного руководства, поскольку регулярно выступал на всех смотрах художественной самодеятельности. Сим сермяжным обстоятельством объясняется и особое расположение к Олегу всех учителей-предметников. Они ставили ему положительные отметки по доброте душевной, чаще всего не за знания, а за то, как он всегда легко и свободно держался на школьной сцене. В старших классах Олег вообще «забил» на химию, физику и математику. Лишь благодаря классному руководителю Маргарите Владимировне Кузнецовой получил по выпуску хороший аттестат. Такой себе ученик-середняк пользовался, тем не менее, уважением среди одноклассников. Одни называли его Алешкой, другие «профессоренком». Из-за великолепной памяти. Она у Табакова всю жизнь была потрясающей. Видать, Боженька поцеловал в макушку...

«Профессия актера практически невозможна без памяти. В этом смысле, благодаря Всевышнему, у меня никогда не возникало проблем с заучиванием текста. Кроме того, в моей несчастной голове прочно закрепились всяческие, порой совершенно немыслимых, сведения. Могу перечислить подряд всех Генеральных секретарей ООН. Или рассказать историю политических переворотов в Бразилии: пятьдесят лет тому назад президент Бразилии Жанио Куадрос порвал со своим правительством. Правительство стало воевать против него. А вице-президент Жоао Гуларт сбежал из страны на корабле. Ну и так далее...

Или вот, к примеру, — кто такой Лумумба? А кто такой Жозеф Мобуту? Или Антуан Гизенга? — Заместитель Лумумбы. А как называлась провинция, из которой пришел Жозеф Мобуту? — Катанга. А где родился Ким Ир Сен? — В селении Ман Ген Де, которое расположено у горы Ман Ген Бон. Я, кстати, лет пятнадцать выписывал журнал «Корея». Потом Зиновий Ефимович Гердт стал корейским репертуаром щеголять. Но у меня — приоритет. Я первым подписался, году в шестьдесят втором, на это великолепное чтиво. Самый смешной в мире журнал «Панч» — просто младший брат журнала «Корея». Кстати, журнал Южной Кореи «Сеул» на ином полиграфическом уровне, с иным уровнем информации демонстрирует абсолютно тот же стиль. Наверное, это менталитет. Какая у них роскошная сентиментальность! Вот, например, едет Ким Ир Сен в непогоду, а тут бабушка Цунь Хунь Вонь переходит дорогу с огромным мешком риса. Великий вождь требует остановить машину, топает ножками и заявляет: «Нет, пока мы не посадим в машину эту старушку и не отвезем ее в Суки-Цуки...» Чудесные истории. Я ведь срывал репетиции в «Современнике», когда начинал читать это в перерыве. Вышибал людей из строя. Так что, если бы не было у меня верного куска хлеба в театре и кино, мог бы принимать участие во всевозможных телесоревнованиях так называемых эрудитов — людей, отягощенных множеством совершенно ненужных в нормальной жизни знаний. Теперь там весьма приличные призы и гонорары».

Английский писатель Редьярд Киплинг (на мой взгляд, один из лучших англоязычных сочинителей) учился в британском «Колледже вооруженных сил».

Более отвратительного описания этой школы, сделанного самим Киплингом, кажется, не сыскать в мировой литературе. Разве что «Очерки бурсы» Николая Помяловского могут здесь посоперничать. Все учителя, работавшие там, за исключением, может быть, классного наставника и священника, изображены как дикие, грубые, неотесанные неучи. Однако, побывав много лет спустя в своей школе Вествард-Хо, Киплинг прелестно, другое определение тут трудно подобрать, описал и саму поездку — встречу с юностью; и горячо прославил беспощадного педанта — своего наставника; и высказал почти восторженную благодарность за великие благодеяния, полученные в стенах довольно посредственной школы. До Итона, во всяком случае, ей было как до Луны пешком.

Так вот восемнадцатая школа была в чем-то сродни киплингскому колледжу. Во всяком случае, вполне в духе «Очерков бурсы». У Олега Павловича мало о ней светлых воспоминаний. Так что известная песня: «Школьные годы чудесные, / С дружбою, с книгою, с песнею» вовсе не про его школу. А брутальные воспоминания о ней мы опустим сознательно. Но было в детстве моего героя одно чрезвычайно важное событие, выпавшее именно на школьные годы, мимо которого пройти никак нельзя.

«В седьмом классе я пережил свою первую любовь. Коллизия почти трагическая. Она была моей учительницей, и об этой диковато-невообразимой истории в школе многие знали. Это сильно поражало воображение наблюдавших: как так! такая красивая, секса-

пильная женщина, желанная для всех учеников класса, выбрала объектом своего внимания этого тщедушного, с шеей тридцать пятого размера, подростка. Если учесть положение ее мужа, который был сотрудником саратовского горкома, то все, вместе взятое, превращало наши отношения в настоящую бомбу замедленного действия. Тут важен не сам факт: ей тридцать четыре, мне четырнадцать, — не процесс совращения, не интрижка. Существенно другое. Очевидность того, что уже в четырнадцать лет я был готов испытать это — любовь, страдание, страсть. Чувство. Ведь мне представлялось, что эта женщина станет моей женой. Рано разбуженная чувственность, предельная эмоциональность, расшатанность нервной системы — все то, что спустя всего несколько лет оказалось столь необходимым в первых шагах актера. Как говорят в Жмеринке, все было подготовлено «из раньше». Вне живых эмоций нет артиста.

Мне с самых ранних лет было знакомо ощущение «в зобу дыханье сперло». Когда выступают слезы от избытка чувств. Я ревел, когда Лемешев пел: «Скажите, девушки, подружке вашей, что я ночей не сплю, о ней мечтая...» От экзальтации чувств. Кто-то скажет: это — сентиментальность. Мне кажется иначе. Это — растревоженность рано проснувшейся эмоциональной натуры. Как будто кто-то перышком по сердцу скребет нежно-нежно, а ты его подставляешь, подставляешь... А потом уже сам бежишь за этим самым перышком. Не можешь без этого жить. Для меня, как для профессионала, такое засасывающее удовольствие — сцена. А в детстве, в юности, это был поиск чувств. Погоня за эмоцией: «и всюду страсти роковые, и от судеб защиты нет». Никак не меньше. И сейчас, когда сидишь на спектакле, хотя бы «Месяц в деревне» у Фоменко, все мило, мило, а потом девочка эта, Полина Кутепова, возьмет такую ноту, что сразу же откликаешься на нее слезным спазмом. И Лена Майорова в четвертом акте «Трех сестер» так складывалась пополам, что невозможно было не ощутить ее боль физически. Когда в театре подступает к твоему горлу ком — это значит, что, грубо говоря, тебя достали, прошибли, добили, а не просто показали набор многозначительных символов».

* * *

В Саратове Судьба стала методично, целенаправленно готовить моего героя к уже оговоренному «прекрасному». И начался этот длительный процесс довольно рано. Первый раз Мария Андреевна повела сынишку в театр на балет еще до войны, то есть в пятилетнем возрасте. Как сам потом вспоминал, неподдельно горячие его чувства от увиденного оказались решительно шовинистическими. Уже зная, что он — «на четвертинку поляк», пацан страшно вознегодовал по поводу татарских набегов на польское государство. И при этом сильно сочувствовал Марии, которую принуждали к сожительству. Ее партию танцевала, как говорила бабушка, «пидстаркувата» звезда, и Олегу было по-человечески жаль пожилую женщину — такие сложные жестикуляции! Примерно в то же время мальчишка посмотрел в Саратовской драме пьесу о Суворове. Тогда в моду стремительно входила патриотическая драматургия. Великий полководец съезжал на жопе с горки из папье-маше незабываемо бурого цвета. Примечательно, впрочем, что уже тогда познания Олега о Суворове значительно превосходили то, что могла себе позволить предвоенная советская пьеса. Благодаря уже упоминаемым книжкам дореволюционного марксовского издания, он всегда неплохо знал российскую историю. Изложенная со сцены, она навсегда запечатлевалась в душе будущего актера.

Все военные годы в Саратове работал эвакуированный МХАТ. Первым спектаклем, который здесь увидел мальчишка Табаков, оказались «Кремлевские куранты». В середине второго действия он заснул и проснулся лишь тогда, когда Ливанов, игравший матроса Рыбакова, закричал своим зычным голосом. Ничего другого безупречная память больше не сохранила. Хотя действующих лиц в этой пьесе Погодина — добрая полусотня наберется. Другими словами, не взволновал юношу мхатовский спектакль даже на уровне того же Суворова. А вот «Платон Кречет» Корнейчука, показанный в госпитале № 4157 силами самодеятельного театра из районного центра Палласовка, до сих пор Табакову помнится. Измученный долгой операцией на партийном начальнике, Платон Кречет устало поднимался по шаткой декорационной лесенке и на пределе сил произносил: «Жизнь наркома... спасена». Затем падал в обморок от усталости. Все дело, оказывается, в том, что «Платон Кречет» — это пьеса-песня, произведение о человеческих чувствах, о красоте любви, дружбе, о неповторимости личного счастья. Не случайно же сквозь всю пьесу как мажорный лейтмотив проходит образ солнца. И светлые личные чувства врача, его дерзкие мечты приобретают высокое гражданское звучание, а обычные понятия становятся поэтическими символами. В разговоре с партийным боссом Берестом Платон Кречет без патетики, спокойно так, но очень весомо, как что-то хорошо и долго обдуманное, произносит: «У человечества украдено солнце на миллионы лет. Мы возвращаем его. Недалек тот день, когда мы уничтожим преждевременную старость навсегда». Это задело мальчонку Табакова по-настоящему. Профессии родителей незримым образом переплелись с его мечтой. Случилась та самая искра, от которой запустился двигатель театральной биографии...

Уже после войны в Саратове очень напористо и мощно заявил о себе местный ТЮЗ. Руководил ТЮЗом Ю. П. Киселев. Вот он, по сути дела, и закрепил в Табакове мечту или мысль о театре. Поначалу Олегу казалось, что как раз театр не имеет к нему никакого отношения. Однако, чем больше он смотрел спектаклей, тем сильнее в нем вызревало чувство: таким или примерно таким и должно быть настоящее лицедейство. Киселев собрал команду мощных опытных актеров: Начинкин, Чернова, Черняев, Давыдов, Ремянников. И — молодых, которых он сам обучил и выпустил в жизнь: Быстряков, Сагъянц, Ермакова, Строганова, чуть позже Рая Максимова. По тем временам саратовский ТЮЗ был едва ли не самый живой театр в стране... Там шли «Овод» с поразительным актером Щеголевым, «Похождения храброго Кикилы», «Аленький цветочек». А еще — «Три мушкетера», «Недоросль», «Ревизор», «Парень из нашего города», «Два капитана». И даже научно-фантастический спектакль «Тайна вечной ночи», где под странные звуки и бульканье батискаф опускался в какую-то немыслимую впадину в Японском море. В нем действовали передовой француз, передовой японец и даже передовой американец, хотя, конечно, были и зловещие американцы, которые препятствовали погружению во впадину советского профессора Кундюшкина. В ТЮЗе Олег посмотрел спектакль по пьесе Розова «Ее друзья». Вроде бы сентиментальная история, как ослепшую девочку поддерживают одноклассники. Но в какой-то момент юношу словно током прошибло. Он неожиданно для себя почувствовал, что все происходящее на сцене имеет отношение к нему лично. Потому что спектакль рассказывал о жизни...

«Другой такой же театральный шок постиг меня с большим перерывом. Однажды меня послали на пароходе «Анатолий Серов», как активного участника самодеятельности, в Москву. Никаких дел в столице у меня быть не могло за исключением приобретения фонарика «Магнетто». Аппаратик этот вырабатывал энергию от того, что ты нажимал пальцем на рычаг, соединенный многоступенчатой передачей с динамо-машинкой, а уже она подавала ток на лампочку. У нас в Саратове такой игрушки днем с огнем нельзя было найти. Но не нашел я ее и в Москве — магазины в выходные были закрыты. Послонялся я по шумному городу и, чтобы отдохнуть, зашел в филиал МХАТа на «Три сестры». И обалдел! Три часа сидел, обливаясь слезами и боясь пошевелиться. Много позже, когда уже по-

ступил в Школу-студию МХАТ и когда в Москву привезли спектакль Питера Брука «Гамлет», я пережил не меньшее потрясение. Вот уж действительно — «что он Гекубе, что ему Гекуба». Огромный, большеглазый, худой Пол Скоффилд метался по сцене, а я это все воспринимал как историю про себя».

В саратовском ТЮЗе Табакова особенно впечатляла игра ведущего актера Александра Ивановича Щеголева. Все его хара́ктерные роли надолго стали как бы творческим ориентиром для Олега Павловича. Именно в плане мастерства и виртуозного владения профессией. От себя добавлю, что народный артист Щеголев вообще уникальный и крупнейший деятель так называемых периферийных театров. За свою 75-летнюю жизнь он сыграл ведущие роли в 75 спектаклях. Трудился в одиннадцати провинциальных театрах. В саратовском ТЮЗе сыграл 38 ролей. Умер и похоронен в Омске.

«Меня вообще привлекали актеры острой характерности. Герои меня вдохновляли слабо или не интересовали вовсе. Завораживало всегда умение. Для вполне обычного молодого человека мои художественные пристрастия выглядели несколько нетипично. Любимым фильмом был не «Тарзан», не «Королевские пираты» или «Одиссея капитана Блада», а «Судьба солдата в Америке» — так в советском прокате называлась картина «Бурные двадцатые годы». Какая там несуетливая подлинность! Героя звали Эдди Бартлет. Он для меня так и остался навсегда Эдди Бартлетом, реальным человеческим лицом. Фамилией артиста никогда не ин-

тересовался. А «Подвиг разведчика»? Как восхитительно грассировал Кадочников. Как он, простой советский человек, мог так потрясающе и изящно грассировать? Хотелось самому научиться этому. Уже тогда меня интересовали в театре и кино не сюжетные, развлекательные, а, так сказать, производственные моменты. Элементы актерского ремесла. Был просто влюблен в великих старух — Массалитинову, например, в картине «В людях». Или в Рыжову в экранизации спектакля Малого театра «Правда — хорошо, а счастье — лучше». Тарасовой и прочими героинями не интересовался. Казалось, что так, как Тарасова, и я всегда сыграть смогу. А вот как Рыжова — нет. В этих старухах была тайна. На экране виделись шкафы, комоды, полати, печка. И Массалитинова — среди этих вещей, сама из ряда этих безусловных реалий. Я бы сказал, виртуальная реальность, рожденная во плоти. Из того же ряда безусловностей — Комиссаров в роли старого унтер-офицера в «Правде — хорошо, а счастье — лучше». Замечательный, конечно, артист Бабочкин, но не выходил у него такой инфернальный монстр. Восхищали фантастические, казавшиеся беспредельными выразительные возможности профессии. Поражало умение владеть мастерством. Поэтому, наверное, я так любил цирк, где основа всему — владение ремеслом».

Был в Саратове еще один, если так можно выразиться, классический, академический и областной театр имени... Карла Маркса. Играли в нем строгие и проверенные актеры: Слонов, Муратов, Карганов, Несмелов, Щукин, Сальников, Соболева, Гурская, Колобаева, Высоцкий, Степурина. Каждый год «марксисты» уезжали на прокорм в далекую Украину, поскольку в самом городе долго наблюдалась сильная напряженка с продуктами питания. Братская в то время Украина взамен присылала в город на Волге собственные «музычно-драматичні» театры — Сумський, Харківський, Полтавський. Собственно театральности в игре этих коллективов наблюдалось мало, однако национальный колорит в их сценических действиях просматривался зримо, и это тоже привлекало, манило Олега Табакова. «Наталка-Полтавка», «Ой, нэ ходи, Грицю, тай на вечорныці», «В неділю рано зілля збырала», «Украдэнэ щастя» — ландринно-повидловый театр, «сопли в сахарине», полная сценическая жуть. *«Между тем я был самым примерным посетителем этих постановок. Пытался затащить друзей — те убегали в ужасе: как ты можешь смотреть это? А мне было смешно, я улетал, глядя, как они все мучаются и страдают. Это был мазохизм, но совершенно очевидно, что и такое повидло манило меня, хоть я себе и не признавался в этом. Только однажды в наш город приехал настоящий украинский театр имени Ивана Франко. Великий Амвросий Максимилианович Бучма, Гнат Юра, Наталья Ужвий. На тех пьесах я уже плакал — не смеялся. Оказалось, что тот же самый материал может стать и трагедией».*

* * *

Однажды Олег Павлович мечтательно заметил: «О руководителе «Молодой гвардии» Наталье Иосифовне Сухостав следовало бы написать отдельную книгу». Ну книги у нас не получится. Однако расскажем об этом великом театральном подвижнике елико возможно подробнее. Ибо в другом месте тот же Табаков признался, что Наталья Иосифовна его вторая, театральная, мама.

Она приехала в СССР с отцом, чешским профессором. Не по любви, а скорее по неосторожности вышла замуж за следователя по особо важным делам Томашайтиса. В недоброй памяти 1937 году, когда он расследовал якобы вредительское дело строителей саратовского крытого рынка, посадил меньше «злоумышленников», чем нужно было. Его за отсутствие бдительности и расстреляли. А жену-актрису с волчьим билетом выбросили из жизни — выгнали из ТЮЗа, где она играла Снежную королеву в пьесе Шварца. Жене врага народа нельзя было работать в «культурно-массовых» учреждениях. Но каким-то чудом Сухостав зацепилась за Дворец пионеров, где и прослужила практически до конца жизни.

Женщиной она была очень эффектной — следователя понять не сложно. Высокая, худая до невозможности, со стремительной походкой, она чем-то напоминала Марлен Дитрих. И вот этот врожденный творец впервые показал и продемонстрировал Табакову, что значит настоящая «система координат», прежде всего человеческих, а потом уже и театральных. Взаимозависимость, взаимовыручаемость, поддержка товарища в большом и малом — эти и другие базовые принципы общежития и творчества перешли к Олегу Павловичу от Сухостав. Намного старше своих воспитанников, она обладала таким прочным авторитетом, что практически не применяла никаких агрессивных мер воздействия на них. Нужды не наблюдалось. Потому что любое ее слово воспринималось как директива. Разумеется, Сухостав учила детей профессии, сколь это было возможно в театральном кружке. Но больше всего учила этике жизни, нравственности. В конечном итоге ее влияние на того же Табакова, да практически и на многих других кружковцев оказалось столь сильным, что подавляющее большинство из них подались в искусство по разным направлениям. В каком-то смысле Сухостав являла собой миссионера от культуры. Не имея своих детей, она всю себя отдавала детям чужим. Самозабвенно, истово, безоглядно отдавала. Что в итоге принесло потрясающие результаты.

«Когда я стал взрослым и самостоятельным, для меня не было большей радости, чем посылать ей открытки из всех уголков планеты: будь то Париж, Вена или Лондон — «жив, здоров, люблю и помню с благодарностью». Мне было необходимо представлять этой великой женщине доказательства не зря потраченного на меня времени, труда, ее педагогического таланта. Регулярно, раз в год, мы, ее взрослые «молодогвардейцы», собирались в Саратове, чтобы навестить Сухостав в ее крохотной комнатке патрицианско-спартанского вида в коммуналке на улице Дзержинского. Она любила творить красоту своими руками: расписывала панно, делала потрясающие икебаны, украшавшие ее скромное жилище. Вина моя, что не смог заставить секретаря Саратовского обкома поменять ее маленькую неустроенную жилплощадь на нормальную квар-

тиру… Стены комнаты, где жила Наталья Иосифовна, были сплошь завешаны фотографиями учеников. Даже когда я стал зрелым профессионалом, она была строга со мной и тревожилась, чтобы мне не «надули в уши», чтобы меня не коснулась пошлость и дурь, чтобы не погрузился я в то болото, поскольку действительно моя судьба складывалась празднично-успешно… Конечно, мы были породнены с ней. Наше сыновнее отношение выразилось и в памятнике на ее могиле, который был поставлен Володей Красновым (молодогвардейцем, ведущим актером саратовского ТЮЗа) на деньги воспитанников Натальи Иосифовны.

Перебирая слова заупокойной молитвы, я обязательно называю и ее. Наталья Иосифовна, без всякого преувеличения, моя крестная мать в актерской профессии. А может быть, и в педагогике, которой я отдаю немало своего довольно дорогого времени.

Не думаю, чтобы Сухостав всерьез и определенно видела своей задачей воспитание молодых профессиональных артистов. Или что у нее был какой-то особый, продуманный и просчитанный педагогический метод. Но факт, что получалось это у нее великолепно. Еще до меня некоторые ее студийцы прорвались в актеры. А после — пошел уже безостановочный поток. В результате из школьного театра Сухостав вышло сто шестьдесят актеров! Феноменальный результат для провинциального самодеятельного коллектива. Как мне представляется сейчас, главным у Сухостав была установка на раннюю профессионализацию актера, о необходимости которой я без устали твержу на каждом углу с середины шестидесятых, с тех самых времен, когда в «Современнике» мы пытались создать молодежную студию. Тогда, несмотря на наш коллективный энтузиазм с Галиной Волчек, Людмилой Ивановой и Виктором Сергачевым, из этой затеи ничего путного не получилось. Первый опыт педагогики вышел комом. И навыков соответствующих, конечно, не было, и набор неправильно провели. А подбор абитуриентов, способность педагога сразу оценить энергетическую емкость того или иного претендента в театре определяют многое и в дальнейшем. Тут чрезвычайно многое значит селекция.

У Натальи Иосифовны было исключительное чутье селекционера. Актерскую одаренность она безошибочно умела обнаруживать и вытаскивать на белый свет. Такого рода чутье у театральных педагогов встречается не столь уж часто. Смею надеяться, что подобное дарование есть и у меня. Почти полвека небезуспешной педагогической практики дают мне право сказать это более или менее определенно. После долгих размышлений и немалого жизненного и педагогического опыта я пришел к стойкому убеждению: актера надо воспитывать с раннего детства. Принцип ранней профессионализации стал частью моей педагогической системы (слово «система» употребляю здесь отнюдь не в полемике или в сравнении со Станиславским. У любого педагога после десятилетий труда естественно выстраивается некая собственная система — набор методических приемов).

Ранняя актерская востребованность продвигает, катализирует развитие. Как в спорте. Актер должен рано вкусить успех. Пусть наивный, как у нас в «Молодой гвардии», но обязательно! — еще до овладения основами ремесла. Это дает и перспективу роста, и понимание относительности самого успеха. Понимание, что в театре это — не главное. Что это и есть как раз самое простое.

Актер обретает свободу, только испытав успех. И чем больше успех — тем больше шансов обретения настоящей внутренней свободы, когда тебя «несет». Как у Булгакова: «За мной, мой читатель!» — и вы магически следуете за ним, как за дудочкой крысолова. У нас слишком боятся штампов, прививаемых в дурной самодеятельности. Но это не страшно. Главное, чтобы человеку была отпущена энергетика. Чтобы он мог сказать: «За мной, мой зритель!» На моей памяти не слишком многие актеры могли этим похвастаться.

Наталья Иосифовна, очевидно, хорошо понимала значение успеха. Важность пребывания артиста на сцене, на публике. Она давала всем нам играть много и разнообразно. И уже в девятом классе я познал радость маленьких артистических триумфов, это ни с чем не сравнимое ощущение: играть на сцене. Быть может, поэтому сцена была и остается настоящим праздником моей жизни, «праздником, который всегда со мной».

В «Молодой гвардии» навсегда было прочувствовано счастье ранней призванности, ранней востребованности. Полученные, быть может и не совсем заслуженно, аплодисменты были своего рода долговыми обязательствами надежды, намного опережавшими реальный вклад, реальное постижение актерского мастерства. Но они двигали вперед, открывали второе, третье, четвертое дыхание. Пришло ощущение себя,

своих возможностей. И одновременно — поразитель-
ное юношеское чувство вечности жизни, когда корне-
вая генеалогическая система еще крепка и кажется, что
ты не умрешь никогда, а впереди будут только радость,
успех и счастье».

В Саратовский дворец пионеров Мария Андреевна привела сынишку исключительно с меркантильно-педагогической целью: оградить его от дурного влияния улицы и хулиганствующих элементов, проживавших на Большой Казачьей улице, где обитали и Табаковы. Определила Олега в шахматный кружок и долго полагала, что попала в точку. Тренер очень хорошо отзывался об успехах сына. Вскоре он получил третий юношеский разряд. Однако по-настоящему судьба Олега решилась лишь в восьмом классе, когда он случайно попал в знаменитый на весь Саратов детский театр «Молодая гвардия» Натальи Иосифовны Сухостав, располагавшийся в том же Дворце пионеров. В то время самодеятельный театр «Молодая гвардия» почти конкурировал с местным ТЮЗом. Временами зрителю бывало даже интереснее смотреть молодогвардейцев, нежели тюзовцев. Мальчики в Доме пионеров играли мальчиков, а девочки — девочек. Само собой, что в ТЮЗе дамы среднего возраста или даже «підстаркуваті» изображали детишек в пионерской форме.

Так вот, если бы не «случай — Бог изобретатель», то Олег, возможно, и до самого выпуска двигал шахматные фигуры по 64 клеткам. Но в один прекрасный день драмкружку понадобился «артист мужского пола с привлекательным лицом». Наталья Иосифовна заглянула к шахматистам. Ну а где ей еще было искать умное лицо? Тест оказался несложным. Педагог попросила: «А произнеси-ка, Олег, громко, с выражением «Пролетарии всех стран, соединяйтесь!» Табаков принял позу Пушкина перед Державиным и пылко призвал пролетариев соединяться. И по существу, если отбросить сотни, тысячи всяких привходящих моментов, именно этот легендарный лозунг решил всю дальнейшую его биографию. Парень обрел именно то занятие, к которому, как потом оказалось, он был призван Судьбой.

Кружок действовал трижды в неделю — два раза в будние дни и по воскресеньям. Очень скоро Олег получил первую настоящую роль Ленточкина в пьесе Цезаря Солодаря «У нас каникулы». Потом он играл в пьесах «Снежок» Любимовой, в «Красном галстуке» Сергея Михалкова. Последний спектакль шел раз тридцать за сезон. Но он не так нравился Олегу, как «Снежок». Действие происходило в Америке. Негритянский мальчик попадает в класс к белым детям. На него «точит зуб» очень богатая и очень нехорошая девочка Анжела. А герой Табакова настроен прогрессивно, являя собою что-то вроде тред-юнионистского школьного лидера. Взобравшись на трибуну, Олег с пламенным пафосом произносил: «Тот, кто сядет с Анжелой Бидл — тот нам больше не товарищ!» Интонация была столь искренней и проникновенной, что у юного артиста всякий раз мурашки бегали по коже. А дружок его, Славка Нефедов, всякий раз подъялдыкивал: «Да ладно, Лелик, чего ты так волнуешься! Не расстраивайся, все будет путем!»

Пройдут годы, много лет минет. Выступая на сцене уже вполне раскрученного «Современника», Олег Павлович прослывет лучшим, непревзойденным приколистом. Он умел так разыграть на сцене товарища, расколоть его на непроизвольное действие, как никто другой из его коллег по сцене. То умение тоже идет из их драмкружка «Молодая гвардия».

«МХАТ в отечественном искусстве — особая статья. У него особая стилистика, система метафор, иносказаний. Чтобы не пускаться в заумные рассуждения по этому поводу, приведу лучше такой пример. Однажды Тарханов со своим братом разделись догола и легли возле номера Ольги Леонардовны Книппер-Чеховой и, когда она вышла, загнусавили: мы подкидыши, мы подкидыши. Всю свою предыдущую жизнь я провел примерно в таком стиле: в постоянной готовности к экспромту. Очень этому способствовал коллектив «Современника», где розыгрышам не было конца краю. Одно мое хулиганство интеллигентнейший Миша Козаков даже описал в своей книге. В спектакле «Баллада о невеселом кабачке» он играл рассказчика и по ходу действия много рассуждал о любви, об одиночестве, состраивая при этом свои брови домиком. Со временем мне его эти рассуждения не то чтобы приелись, но потерялась острота их ощущений. И однажды, проходя мимо него (я играл горбуна, калеку и гомосека одновременно), тихо проговорил: «Такому рассказчику положен ... за щеку». Что потом было! Миша учинил скандал, особенно упирая на то, что я директор и такое себе позволяю на сцене. Будучи по натуре челове-

ком совестливым, я побожился при всех, что больше не произнесу ни слова. И сдержал обещание. На следующем спектакле, когда Мишка опять завел волынку про любовь и одиночество, я, проходя мимо, просто выпятил щеку языком. И все были в отпаде. Прекрасным нашим прикольщиком, конечно же, считался Женя Евстигнеев. В одном спектакле я играл страдания рефлексирующего москвича-десятиклассника, который уехал на комсомольскую стройку и там возвышенно влюбился в девушку с возвышенным именем Юнна. В один из моих душевных стрессов сучонок Женька надел на себя нимб — две проволоки, а между ними тюль с блесточками — и, когда я к нему повернулся, он скрестил на груди руки, закатил глаза и томно проговорил: «Лелик — я Юнна». Но я ему, гаду, отомстил вскоре. Он играл такого батю — простого рабочего, который должен был своею грубою мозолистою рукой обласкать, обнадежить сопляка, прибывшего на стройку. И вот перед тем, как подать ему руку, я зачерпнул граммов этак 500 вазелинчику! Хлюпанье от его «мозолистой» слышно было в последнем ряду! Когда он играл Голенищева-Кутузова в «Декабристах», то однажды запутался и вместо финальной реплики допроса: «Вы ответите за все и за всех», гневно выкрикнул: «Вы ответите за все и за свет!» Стоящий на допросе декабрист Витька Сергачев тихо добавил: «И за газ — тоже».

Хорошо запомнилась Табакову и роль в «Красном галстуке». Эта в меру по тем временам драматическая история происходила в семье «зажравшегося» советского функционера. Олег играл зазнавшегося сынка-эгоиста. Его друга, бедного сироту Шуру Бадейкина, изображал уже упоминаемый Славка Нефедов. А еще активно действовала хорошая девочка, сестра эгоиста. Вот она с Бадейкиным по ходу действия перевоспитывали зазнайку. В конце спектакля Олег со Славкой стояли, как Герцен и Огарев на Воробьевых горах, и первый вещал: «Если я стану настоящим художником, знаете, какую картину напишу? На фоне голубого-голубого неба стоят два друга. Два комсомольца...» Тогда к «Герцену и Огареву» подходила сестра эгоиста, которую играла Эля Нодель, и добавляла: «Нет, лучше не два друга. А три. И третий друг — обязательно девушка. Комсомолка». Затем трио запевало песню:

> Кто в дружбу верит горячо
> И рядом чувствует плечо,
> Тот никогда не упадет,
> В любой беде не пропадет.
> А если и споткнется вдруг,
> То встать ему поможет друг,
> В любой беде надежный друг
> Тебе протянет руку.

Иногда зал ребятам даже подпевал. Разве ж такое когда-либо забудется?

С особым успехом у молодогвардейцев шел спектакль Е. Шварца «Снежная королева». Табаков исполнял там роль сказочника. А Кая играл Игорь Негода. Спустя много лет его дочь Наталья исполнит главную роль в фильме «Маленькая Вера». А сам Игорь Александрович впоследствии станет режиссером.

«Артистическая деятельность» Олежки Табакова не ограничивалась лишь занятиями в драмкружке. Вместе с девочкой Ниной Бондаренко он еще вел детско-юношескую передачу на саратовском радио — что-то наподобие «Пионерской зорьки». Особенно ему запомнились выступления на панихиде в день похорон Сталина. Они читали стихи советских поэтов, приличествующие такому событию. Без пяти минут час читали. Некоторые люди падали в обморок. «*А я же был готов радоваться его смерти. И не только не плакал, но блудливо и глумливо опускал глаза, выступая на сцене и доводя людей до потери чувств. Было упоение оттого, что мы так здорово читаем, что они брякаются. Говорят, вся страна победившего социализма рыдала в тот день, независимо от индивидуальной меры понимания истинного положения вещей. Я не рыдал точно. Но был по-особому взволнован. Идеология ведь действует на уровне подсознания. Разум тут бессилен, и всем правит истерия. Я всегда знал, что Сталин — диктатор, угнетающий душу русского, советского человека. Дядя Толя Пионтковский иногда мог, не смущаясь, сказать о нем что-то почти матерное. Однажды я понял, что мне нравится группа «Любэ» — как-то выделил ее из общего потока, когда услышал их песню со словами: «Первая проталина — похороны Сталина…» Удивился, как человек много моложе меня смог так похоже передать именно мои ощущения*».

Чем еще занимался Олежка Табаков в «школьные годы чудесные»? Коммерцией. Как это ни странно и даже ни удивительно. Первый свой маленький бизнес Олежка наладил из продажи приложений к журналу «Красноармеец», ставшему впоследствии «Советским воином». Ежемесячник выпускал массовым тиражом иллюстрированные приложения: «Прекрасная дама» Алексея Толстого, «Переулок госпожи Лукреции» Проспера Мериме, «Озорник» Виктора Ардова. Малоформатные книжечки пользовались сумасшедшим успехом! Олег закупал впрок свежие издания. А когда тираж расходился, желающие приобрести новинку обращались к Табакову. Он отпускал им с наценкой. Не наглел, но всегда был при деньгах.

В самом конце 1947 года случилась денежная реформа: старые банкноты в течение недели подлежали обязательному обмену по курсу десять к одному — за червонец рупь давали. Олег не сразу сообразил, как действовать в непривычных финансовых обстоятельствах. А когда очухался, все товары из магазинов словно ветром сдуло. Отправился в аптеку и закупил несколько ящиков зубного порошка, щетки, хозяйственное мыло и… презервативы. Использовать их по назначению по малолетству «коммерсант» не мог. Поэтому находил резиновому изделию номер два вполне утилитарное применение. Наполнял их водой и сбрасывал под ноги прохожим. Тяга к коммерции с годами не исчезла, а только крепла.

* * *

Олега Павловича можно изредка увидеть на Новодевичьем кладбище. Там покоятся многие те, с кем он был близок: учитель Василий Топорков, наставник и друг Олег Ефремов, другие известные всей стране люди и которые ему лично не безразличны. Среди них — Никита Сергеевич Хрущев. Табаков его мало знает, хотя с ним и общался, но отдает должное этому партийному и государственному деятелю исходя из своей собственной системы координат. Мой герой вовсе не идеализирует знаменитого «кукурузника», который прославился среди прочего еще и тем, что стучал ботинком по трибуне ООН, но отдает ему должное. Поскольку небезосновательно полагает, что время выбрало именно Хрущева в качестве рупора определенных идей, за которыми последовала знаменитая оттепель. Табаков убежден: Хрущев проявил определенное мужество, чтобы избавить страну и общество от наследия Сталина. А как Олег Павлович относится к вождю народов, о том уже сказано. Табаков хорошо помнит, как бабушка, заслышав шум въезжавшего среди ночи во двор их дома автомобиля, вставала с кровати и шла к окну. Смотрела, в какую квартиру нагрянули незваные гости, за кем на сей раз приехали. В то время Олегу уже было семь лет, и он кое-что соображал, а чего не понимал еще, то чувствовал по бабушкиному поведению, по разговорам взрослых, которые обычно прерывались, когда он появлялся в комнате. Чувствовал, как в воздухе незримо витало тревожное ожидание какой-то беды. Никто ведь не знал, кого завтра увезут в черном воронке или фургоне с надписью «Хлеб»...

После войны жизнь свела парня с Самуилом Клигманом, сыгравшим достаточно важную роль в его жизни. Самуил Борисович имел архитектурное образование, но душа его всегда была настроена на поэтический лад. Клигман был безответно и беззаветно влюблен в Марию Андреевну. Четко понимая, что никогда она не согласится выйти за него замуж, тем не менее всегда и во всем ей помогал. И в какое-то время просто стал еще одним членом семьи. Несколько не от мира сего, он мнил себя смелым и независимым человеком. По ночам слушал всякие «мутные» голоса, в частности — «Голос Америки». Регулярно покупал в гостинице «Астория» и читал газету «Британский союзник». Разумеется, его органы «взяли на карандаш» и со временем арестовали. Сам по себе Самуил Борисович — несколько наивный, но совершенно безвредный человек — не мог представлять буквально никакого интереса для органов. Но у них, наверное, был план по отлову шпионов или какое-то иное негласное распоряжение по лицам «определенной национальности». Короче, Самуилу Борисовичу сочинили такую страшную биографию врага народов, что казалось странным, как он до сих не ликвидировал товарища Сталина, целую группу других руководящих работников, включая партверхушку Саратова и области. Как от лидера заговорщиков от него требовали явки, пароли, адреса, заставляя под пытками оговорить Анатолия Андреевича Пионтковского, Марию Андреевну Березовскую и других его близких знакомцев, друзей. Сотрудникам органов, видимо, казалось, что из этого тщедушного еврейчика они смогут вить веревки, а уж заставить его «сколотить банду подлых врагов народа» принудят и подавно.

Но не тут-то было. Клигман выдержал все издевательства и даже пытки, но никого не оговорил. Получил восемь лет лагерей и исчез из Саратова.

«Году в 54-м или 55-м, сейчас точно не скажу, я уже учился в Школе-студии МХАТ, в студенческую аудиторию номер четыре, где мы что-то репетировали, влетел Валька Гафт и заорал во все горло: «Лелик, твою мать! Ты тут кривляешься, а на улице тебя зэк ждет!» Я выбежал и у дверей «Артистического» кафе увидел Самуила Борисовича в ватных стеганых штанах и в черной телогрейке с не срезанной еще нашивкой на груди. Точь-в-точь, как потом описывали Шаламов и Солженицын. Клигман стоял и, видимо, мучительно сомневался, подойду я к нему или нет. Наверное, с минуту мы смотрели друг на друга, потом одновременно сделали шаг вперед, обнялись. Почему я плакал, объяснить могу: нервная система у актеров лабильная, изменчивая, а вот отчего слезы лились у Самуила Борисовича, ответить затрудняюсь. Позже мы время от времени встречались, продолжали общаться до самой смерти Клигмана в восемьдесят каком-то году».

* * *

Первыми друзьями Табакова были, конечно же, соратники по «Молодой гвардии» — Слава Нефедов и Миша Свердлов. Первый считался шалопаем, учился из рук вон плохо. А второй не только преуспевал в учебе, но и выполнял обязанности секретаря комсомольской организации. Первый затем стал артистом, окончил Щепкинское училище и в поте лица своего добывал кусок хлеба по городам и весям. Алкогольные грехи сильно мешали ему двигаться и развиваться. Миша закончил филфак, работал режиссером на Саратовском телевидении, снимал передачи в художественной редакции. Потом отбыл на землю обетованную к детям и там умер. С Мишкой и Славкой Олег, без преувеличения, впервые познал смысл и радость настоящей мужской дружбы. Позже ею Судьба тоже артиста не обижала, но святее уз того детского товарищества, кажется, уже не наблюдалось.

У пацанов имелись общие тайны. Они дружили с девочками из хореографического кружка. Первым туда проторил тропу Славик Нефедов, «завязав отношения» с Люсей Бычковой. А Олег познакомился с Ниной Кудряшовой. «Этой девочке я обязан многим: и постоянством, и верностью, и просто душевной полнотой. Высочайшая планка в отношениях с прекрасным полом, взятая в юности, не давала мне опускаться ниже на протяжении всей жизни. Я никогда не мог заниматься любовью, как это иногда делают некоторые — «а вот поехали сегодня туда-то». Один очень активный мой коллега не раз предлагал мне: «Давай рванем в малинник!» Не-ет. Не интересно мне это. Любовь всегда должна быть «с черемухой», как говорил мой папа. Если Господь или судьба одаривали меня чувством, так оно развивалось по всем законам влюбленности и всего ей сопутствующего. Я благодарен жизни за то, что график моих влюбленностей всегда был плотен, насыщен и регулярен. Почти как движение подмосковных электричек.

Три последних года средней школы были полно-кровно-прекрасными благодаря в значительной сте-пени девочке Нине. И благодаря моим друзьям. Когда Тузенбах говорит Ирине в «Трех сестрах»: «Впере-ди — длинный-длинный ряд дней, полных моей люб-ви к вам», — я вижу свою юность в окружении друзей, исполненных любви друг к другу».

* * *

Задолго до окончания школы у Олега Табакова не существовало проблем с определением жизненного призвания. Педагог Сухостав придала юноше хороший исходный импульс для актерской профессии. А даль-ше все шло как бы само собой, по накатанной колее. Правда, к вступительным экзаменам Олег готовился тщательно. Кроме всего прочего, ему не давала покоя мысль: а вдруг все хлопоты знакомых окажутся тщет-ными, и московская профессура зарежет его на испы-таниях. Такой вселенский позор пережить будет весьма затруднительно. Поэтому отчаянно готовил мелодра-матический ура-репертуар. В самом Саратове его слу-шали Светлана Скворцова, заканчивавшая в том году Школу-студию МХАТ, и Лиля Толмачева, которая Шко-лу-студию закончила и уже считалась одной из первых московских театральных звезд. А мама Лили — Марга-рита Владимировна Кузнецова — была как раз класс-ным руководителем у Табакова.

На самих вступительных экзаменах Олег читал большой отрывок из романа Злобина «Степан Разин». Сейчас вот я пишу эти строки и внутренне восторгаюсь своим героем. Слушайте, ведь этого мастера советской прозы — Степана Павловича Злобина (1903–1965) — не все нынешние литераторы сейчас вспомнят. Хотя он написал аж пять больших романов, среди которых наиболее известные: «Салават Юлаев», «Остров Буян», «Степан Разин». Меж тем Табаков именно Злобиным решил поразить столичных экзаменаторов. Он испытывал определенный кайф, когда патетически выкрикивал: «Сарынь на кичку!» При этом понятия не имея, что такое «сарынь», тем более что такое «кичка». Но ведь и принимающим экзамены тоже наверняка будет затруднительно определиться с этой ветхой терминологией. Олег уже смолоду демонстрировал не абы какое понимание человеческой психологии.

Дальше в его репертуаре следовал приличный кусок из «Молодой гвардии»: «Мама, мама, я помню руки твои с того самого мгновения, как стал осознавать себя на свете. За лето их всегда покрывал загар, он был чуть-чуть темнее на жилочках. И как же я любил целовать тебя прямо в эти темные жилочки». При слове «жилочки» Олег страдательно смотрел на собственные худющие руки, и даже великая Алла Константиновна Тарасова расчувствовалась. После молодогвардейского пафоса озвучивался не менее патриотический Константин Симонов: «Нет больше Родины, нет неба, нет хлеба, нет воды — все взято!» И наконец кода — окончание — фрагмент из повести Кассиля и Поляновского «Улица младшего сына». Там мальчик, решивший отправиться на бой с фашистами, подходит к окнам своего дома, видит, как мама что-то шьет, и горько рыдает. Ибо не может, не имеет права в такой ответственный момент даже поговорить с ней, любимой. Столь мощный патриотический заряд по определению должен был сработать, и он сработал. Табакова приняли в Школу-студию МХАТ.

Но тут никак нельзя упустить и такой момент. Не по годам мудрый и с детства сметливый Табаков помимо Школы-студии подал еще заявление на поступление в ГИТИС! И даже вез с собой (так, на всякий случай) рекомендательное письмо от второго мужа первой жены своего отца Петра Ивановича Тихонова, адресованное его брату, проректору ГИТИСа по административно-хозяйственной части. Правда, письмом тем воспользоваться юноша не смог. Тихонов пребывал вместе со студентами на уборке картошки. Тем не менее Табаков поступил и в ГИТИС, просто-таки очаровав его ректора, доброго и гнусавого Матвея Алексеевича Горбунова. Который говорил молодому дарованию: «Олег, оставайся в ГИТИСе. Я буду тебя просто как сына содержать». Олег даже некоторое время колебался, но затем все же решительно ушел в Школу-студию. Тут многое сыграло свою определяющую роль. МХАТ и все, что с ним связано, Табаков уже в молодости полагал вершиной отечественной театральной пирамиды. Коллектив этот по праву считался и первым театром страны. Сказалось и то обстоятельство, что в годы войны театр находился в Саратове, играл в помещении Театра юного зрителя, и Олег видел его спектакли. Наконец, именно во МХАТе трудилась самая звездная, самая великолепная труппа того времени: народные артисты СССР Алла Тарасова, Ольга Андровская, Ангелина Степанова, Клавдия Еланская, Владимир Ершов,

Борис Ливанов, Василий Топорков, Алексей Грибов, Василий Орлов, Михаил Яншин, Павел Массальский, Сергей Блинников, Марк Прудкин, народные артисты РСФСР Александр Комиссаров, Вера Попова, а также «молодая поросль»: Владлен Давыдов, Маргарита Анастасьева, Рита Юрьева, Алексей Покровский.

После сугубо профессиональных испытаний следовали экзамены из перечня обязательных. На сочинении Олег выбрал свободную тему: «СССР в борьбе за мир». Из-за пережитых волнений в голове у него наблюдался сумбур. Поэтому написал, что «исторический залп крейсера «Аврора» в 1918 году возвестил всему миру: на одной шестой части земного шара люди начали строить новую жизнь». Такая небрежность в отношении священной даты в глазах любого другого правоверного преподавателя выглядела бы кощунством. Но добрая преподавательница русского языка Крестова, отчеркнув и эту святотатственную ошибку, поставила «три с минусом». Кроме всего прочего, она уже знала, как знали то и другие преподаватели Школы-студии, что к ним поступило чудесное, просто-таки великолепное юное дарование из Саратова Олежик Табаков.

А сам он, как это ни покажется странным, никакой эйфории по поводу зачисления в прославленный вуз не испытывал. Более того, у Олега случилась необъяснимо жуткая депрессия. Вставал утром и ревел безо всякой на то прямой причины. Грешным делом думал, что сходит с ума. Меж тем его состояние представляло вполне естественную реакцию на случившиеся резкие перемены в жизни. Мальчишка-провинциал попал в новую для себя среду, в новый ритм жизни. Депрессия исчезла неожиданным, весьма трагическим образом. Вернувшись в Саратов после сдачи вступительных экзаменов, Олег узнал, что его лучший друг Славик Нефедов убил человека. Убил случайно, в случайной же уличной перепалке. Какой-то хулиган сорвал красивую кепку с головы Славика. Тот «дал сдачи», но попал в сонную артерию, и смерть наступила мгновенно. Состоялся суд над теперь уже ставшим учащимся нефтяного техникума Нефедовым. На его защиту отчаянно встала Наталья Иосифовна Сухостав. И была столь горячо убедительна в доказательстве дикой случайности, что судьи дали Славику несколько лет условно. А депрессию у Олега как рукой сняло. Он понял раз и навсегда, что раскисать по поводу глупостей недостойно мужчины. И, сказать по правде, с тех далеких пор по настоящее время Олег Павлович никогда более не подвергался, не уступал депрессии. А беды случались с ним немалые. Чего стоит хотя бы инфаркт в двадцать девять лет. Он тогда лежал в палате на двоих. И вот сосед умирает. Это случилось в субботу, когда, кроме дежурного врача, все уже ушли, и тело некому было транспортировать в морг. Его смогли забрать из ванны, в которой он пролежал больше суток, только в ночь на понедельник. Какие чувства Табаков пережил в те времена, можно лишь догадываться. В другой раз Олег Павлович летел в Вену, где ставил спектакль «Крыша» с молодыми австрийскими артистами-дипломниками. Ближе к концу пути загорелся двигатель Ту-154. Когда самолет вынужденно приземлился в Варшаве, Табаков увидел обгоревший двигатель и понял: его Ангел-хранитель и на сей раз отвел беду.

* * *

Жизнь Табакова делится на две неравные части. До 18 лет он был провинциалом, а с 1953 года, с момента поступления в Школу-студию, стал москвичом. У меня есть рукопись книги «Нескучные мысли москвичей». Сейчас заглянул в нее и, к вящему своему удовольствию, убедился: среди более чем двухсот персонажей у Олега Павловича оказалось даже по объему больше всех тех самых нескучных мыслей. А все потому, что он не просто умеет говорить, словеса плести. Он может думать, мыслить и делать нужные выводы из того и другого. И я обязательно еще познакомлю своего читателя с «нескучными мыслями» Табакова. Ибо не мной сказано: кто правильно мыслит, тот верно пишет и справедливо живет...

Москва, известное дело, слезам не верит. По итогам вполне себе безграмотного сочинения, оцененного на тройку с минусом, первый семестр Олегу пришлось обитать вне студийного общежития и без стипендии. Помогала мама. Она стал еще больше работать по совместительству и посылала сыну пятьсот рублей — очень приличные деньги. Со второго семестра Олег поналег на учебу, заработал стипендию в четыреста пятьдесят рублей, а на выпускном курсе получил первый гонорар в кино, к чему мы еще вернемся, и уже маме стал посылать деньги. С жильем оказалось все гораздо сложнее. Саратовский первокурсник долго искал по Москве хоть какой-то угол, но ведь этим же самым занимались тысячи, если не десятки тысяч таких же, как он, юных растиньяков, пришедших покорять столицу. Помог случай. К тому времени сестра Мирра вышла замуж. У ее супруга был друг Володя Ананьин, снимавший угол в огромной квартире по Большому Харитоньевскому переулку. Там Олег прожил полгода. В ста метрах от угольного подвала, который через двадцать пять лет станет знаменитой «Табакеркой».

Весьма характерно, примечательно да и просто интересно то сермяжное обстоятельство, кто еще вместе с Табаковым штурмовал в послесталинское время театральные премудрости, кто с ним на пару, впереди или после него, грыз знаменитую систему Станиславского. Так вот, перед вами, читатель, лишь некоторые его однокурсники. Галина Барышева, впоследствии ставшая ведущим преподавателем Ленинградского государственного института театра, музыки и кинематографии. Майя Менглет — дочь знаменитых Георгия Менглета и Валентины Королевой. Впрочем, и сама знаменитая не менее. Это она, первая красавица курса, сыграла Тоню в фильме «Дело было в Пенькове». Валентина Левенталь, долгое время игравшая в БДТ, Витя Рухманов — артист Театра сатиры, Игорь Задерей, работавший в Новосибирске, Валентина Кузнецова, руководившая культурным фронтом в Севастополе, Эмиль Лотяну, переведенный после второго курса во ВГИК и ставший затем известным режиссером, Анатолий Кириллов, работавший в Театре имени Ленсовета и в театре Комедии имени Акимова. Ну и, наконец, смешливый уроженец Матросской Тишины Валентин Гафт, ставший первым другом Табакова. Они были действительно неразлейвода. Единственное, что на какое-то время омрачило их братские отношения — совместная влюбленность в Майю Менглет. Люто соперничали. Хорошо, что без крови.

Самым старшим на курсе был Женя Урбанский. Выходец из городка Инта, что на Крайнем Севере, он перед Школой-студией успел поучиться в Горном институте. Вместе с женой он жил в отдельно снимаемой квартире и являл собой поразительный пример джентльменства в отношениях с женским полом. Конечно, его призвание — социальный герой, к слову сказать, едва ли не самая сложная исполнительская стезя. Однако на многочисленных вечеринках Женя читал Маяковского: нежно, лирично и одновременно истово. А еще здорово играл на гитаре и на второй голос всегда приглашал Табакова. Дуэтом они пели «Давно мы дома не были...», «Огней так много золотых на улицах Саратова» и многое другое. Успех имел оглушительный.

* * *

Повествовать дальше о тех, кто еще учился параллельно с Табаковым в Школе-студии МХАТ, придется исключительно телеграфно — плотность звездных имен просто зашкаливает. Надеюсь, читатель простит мне сию вербальную неуклюжесть. Потому как звездами однокашники станут лишь многие годы спустя. А тогда они были просто молодыми, задорными девчонками и парнями. Разумеется, мечтали о славе. Но кто в юности о ней не грезит. Итак, перечисляю соратников Олега Павловича по главному театральному вузу страны: Михаил Зимин, Леонид Губанов, Лев Дуров,

Леонид Броневой, Галина Волчек, Олег Басилашвили, Евгений Евстигнеев, Татьяна Доронина. Все они станут впоследствии народными артистами СССР. Народными артистами РСФСР и России будут Олег Анофриев, Светлана Мизери, Людмила Иванова, Ирина Скобцева, Игорь Кваша, Виктор Сергачев, Михаил Козаков.

Ближе всех Табаков сошелся с Евстигнеевым. Тот был старше чуть ли не на девять лет. До вуза успел поработать на сцене Владимирского областного театра. И уже в студенческих этюдах демонстрировал незаурядное мастерство. Свободный и раскованный в своих интересах, Евстигнеев играл в джазе, хорошо владел гитарой. Словом, он являлся для Олега по-настоящему старшим, но очень близким товарищем. «Мы с Женей жили в одной комнате общежития Школы-студии МХАТ. Носили одинаковые черные трусы. А когда сдавали их стирать — оставались голыми. То есть и знали мы друг друга голыми. Высокая степень понимания была между нами».

В общежитии по улице Трифоновской Табаков поселился в самом начале второго семестра. Тогда же ему также впервые начислили и стипендию. И с того момента юноша осознал себя настоящим студентом. Плюс — москвичом со всеми вытекающими отсюда последствиями. В комнате общаги под громким названием «Трифопага» проживали: Боря Никифоров, Игорь Налетов, Коля Сивченко и Володя Поболь. Трифопага слыла товариществом радостным и совестливым. Олег Павлович сколь ни силится, не может вспомнить хотя бы одну крупную ссору той поры. Просто удивительно, как они друг с другом ладили. По выходным готовили свекольник или другую какую-нибудь жидкую похлебку. Сметали ее за день. Чаще всего варили пельмени. Табакову периодически приходили посылки из Саратова. И он не успевал глазом моргнуть, как Толя Кириллов их моментально оприходовал. На всякие упреки отвечал стандартно: «Не волнуйся, старичок, со стипешки компенсирую тебе большой плиткой шоколада». И ведь вправду компенсировал! Как было на него обижаться.

Однако случалось и голодать. Не до потери пульса, конечно, но все равно Олег Павлович вспоминает о тех временах, как об очень веселых. Но и скудных. Приходилось тогда всей компанией отправляться на Рижский вокзал и разгружать там вагоны со всякими съестными продуктами. Зато двойная польза наблюдалась: и деньга подваливала, и подкармливались на шармачок. Выглядели все неизменно ухоженными. Комендант их общежития всего за рубль стирала бельишко, рубашки и гладила их. Поэтому ходили «школяры» по столичным театрам очень даже в приличном виде. Табакова больше всего привлекал МХАТ, а в нем такие удивительные спектакли, как «Плоды просвещения», «Осенний сад», «На дне», «Три сестры», «Идеальный муж», «Школа злословия». Юноша смотрел их по многу раз, благо бесплатно, по студенческому билету. Смотрел и постигал азы профессионального образования — как это все следует делать на сцене. Не просто выполнять свои обязанности, очерченные ролью, а всякий раз стремиться превзойти себя, взобраться на вершину постижения пусть и маленькой роли, но так, как никто до тебя ее не постигал.

«Культура маленькой роли сейчас исчезает, если не сказать больше. А ведь были мастера, и я их видел по многу раз. Борис Петкер — часовщик в «Кремлевских курантах», или Дмитрий Орлов — снабженец Моченых в спектакле «За власть Советов». Комиссаров в роли Коко из «Плодов просвещения». Варвара Николаевна Рыжова, Сашин-Никольский, блиставшие в эпизодических ролях в Малом театре. Небольшой объем роли вовсе не подразумевает отсутствие таланта. Скорее наоборот. Я до сих пор помню много раз слышанные в детстве радиозаписи Орлова, читавшего «Василия Теркина» и «Конька-Горбунка». Они поразили меня настолько, что спустя тридцать лет я сам прочитал эти поэмы и на телевидении, и на радио. Орлов вообще слыл переводчиком изумительных литературных произведений на язык чувственный, эмоциональный. Я внимал ему, и слезы сменяли смех, а смех — слезы. Он умел совмещать забавное и трагическое, высекая из моей слушательской души искры сопереживания, сочувствия, даже созвучия. Льщу себя надеждой, что и сам бываю достаточно разнообразен в оттенках и интонациях русского языка. Но возникло это умение не само по себе, а было передано, вложено мастерами художественного слова, первым из которых оказался Дмитрий Николаевич Орлов».

Самым громким театральным событием сезона 1953/54 годов для первокурсника Табакова стал приезд в Москву «Комеди Франсез» — небывалое явление, ставшее одним из ярчайших симптомов нового времени, наступающей так называемой «оттепели». Вещи, показанные «Комеди Франсез», явились для Олега, всецело воспитанного на отечественных традициях, чем-то небывалым, прорывным. Его поразило само существование иной культуры, развивающейся совсем в иных парадигмах, нежели отечественная тех времен. Французы демонстрировали теорию Коклена (французский теоретик театра) на практике, показывая свое «искусство представления», где особое внимание уделялось технологическим приемам. Олег с восторгом внимал тому, как им удавалось на одном дыхании произносить огромные поэтические тексты. Какая восхитительная подчеркнутая пластика и свобода владения ею! Наверное, и поэтому, чтобы попасть в Малый театр на «Комеди Франсез», люди ломали двери. Табаков это видел и если совсем откровенно, то даже немного завидовал. На отечественные спектакли подобного ажиотажа никогда или почти никогда не наблюдалось. Уже тогда он стал смутно размышлять о том, что отечественный театр требует пусть не революции — нет, но изменений коренных и существенных. И он уж точно был не одинок в тех своих внутренних терзаниях. Ведь пройдет совсем немного времени — каких-то три с лишним года, и в Москве в тяжких родовых муках станет возникать «Современник». Впрочем, мы сильно забегаем вперед...

Если же немного продолжить разговор о влиянии французов на юные души мхатовских студентов, то оно, прежде всего из-за языкового барьера, было все-таки опосредованным. Потрясало другое — отточенность ремесла, виртуозное владение им. Особенно в этом смысле Олега взволновал спектакль, состоящий как бы из двух частей: «Сид» Корнеля и «Рыжик» Ренара. В «Сиде» был эпизод, когда Андрэ Фалькон спускался по снежно-белой лестнице, в красных сапогах и в белом колете. Глядя на подобное сценическое чудо, оставалось лишь молить Бога, чтобы когда-нибудь Он и тебя сподобил спуститься вот в таких сапогах по такой лестнице.

«Спустя тридцать пять лет с группой учеников я оказался в Париже по приглашению Парижской консерватории, ректор которой, Жан-Пьер Микель, ныне руководит «Комеди Франсез». Мы показывали с небывалым, слегка даже пугающим нас успехом пьесу Галича «Матросская тишина». Володя Машков играл главную роль. После спектакля ошарашенные студенты и педагоги разлеглись на полу и долгое время лопотали на великом языке Расина, обсуждая спектакль. Не владея тонкостями французской речи, я предпочел тихонько удалиться в отель, где в качестве расслабляющего фона включил телевизор. По одному из каналов показывали какую-то детективную чушь. И вдруг мой взгляд остановился на чем-то мучительно знакомом: среди довольно серых персонажей показалась фигура, которая мне что-то напоминала. Я долго силился сбросить мутную пелену с памяти, но, наконец, вспомнил. Это был... сильно оплешивевший, почти облысевший Андрэ Фалькон в роли второстепенного французского детектива. До этого я не раз интересовался судьбой кумира своей молодости, но узнать ничего конкретного

о нем так и не смог. А тут вдруг увидел его собственной персоной на экране — как тень из прошлого. Как грустный символ уходящего времени».

Следующий театральный сезон подарил столице Королевский Шекспировский (Стратфордский) театр, который привез «Гамлета» Питера Брука с Полом Скоффилдом. А в 1956 году Табаков лицезрел гастроли Национального народного театра Жана Вилара с замечательным «Доном Джованни». Впрочем, Олег в те поры не ограничивал свое культурное насыщение только драматическими спектаклями. В Большом театре пересмотрел весь репертуар. На многие оперы ходил, как профессор Преображенский. Помните: «Мы сегодня ничего делать не будем. Во-первых, кролик издох. А во-вторых, в Большом «Аида». А я давно не слышал, помните дуэт?.. Ко второму акту поеду. — Как это вы успеваете, Филипп Филиппович? — Успевает всюду тот, кто никуда не торопится».

Табаков, пожалуй, жить в молодости все же торопился. Всякий раз, когда сталкивался с доселе неизвестным ему произведением искусства, досадовал, почему это раньше он о нем ничего не слышал? И потому продолжал поглощать культурное столичное пространство с явно провинциальной жадностью. А вот теперь, оглядываясь на свое, теперь уже канувшее в Лету, прошлое, понимает, что интуитивно, на ощупь действовал единственно верным методом. Иначе бы он никогда не стал тем, кто есть сегодня, если бы в молодости давал себе слабину и с прохладцей относился к постижению культуры, мира и жизни в этом бушующем мире.

Другой вопрос, что и цену заплатил за это страшную — инфарктом...

Отечественный кинематограф того времени тоже не оставался вне интересов Табакова. Правда, успехов на его чахлой, насквозь заполитизированной ниве произрастало мало. Кино тогда не отражало жизни, каковой она есть, а тщетно и неуклюже показывало ее такой, какой хотелось видеть агитполитпропу. Хотя попадались редкие исключения из правил. К примеру, в фильме Ивана Пырьева «Испытание верности» рассказывалось о романе крупного государственного чиновника, которого играл неотразимо-мужественный Леонид Галлис (в фильме «Два капитана» он — Николай Татаринов), с молодой женщиной Ириной, в исполнении Маргариты Анастасьевой (в фильме «Кремлевские куранты» она — дочь Забелина). Садясь в машину после работы, герой командовал шоферу: «Давай. На Малую Бронную». Там ждала его любовница. Такая малость — обычные человеческие чувства и слабости, а волновали сильно. Потому что в картине не наблюдалось отчаянной борьбы хорошего с отличным, как в «Свадьбе с приданым».

Мощное воздействие на Табакова имел итальянский неореализм. «Рим, одиннадцать часов», «Под небом Сицилии»... Вообще все, что было связано с Массимо Джиротти, Лючией Бозе, Рафом Валлоне, потрясало и увлекало Олега. Благодаря этим фильмам у него изменялось само представление о правде искусства. О правде психологического бытия на сцене и на экране. *Шептальный» реализм, как окрестили позже некоторые критики эстетику театра «Современ-*

ник», вырос как раз из фильмов великих итальянцев. Стремительно, на наших глазах, менялась актерская природа, в ней неожиданно проступали черты и того непрофессионального актера, и того удивительного мальчика, которые играли в «Похитителях велосипедов» Витторио Де Сики».

Из «Большой советской энциклопедии» (БСЭ): «Школа-студия — высшее театральное училище в Москве. Организовано в 1943 году для подготовки актеров на основе идейно-творческих принципов школы Художественного театра и системы К. С. Станиславского. В школе преподавали М. Кедров, В. Станицын, А. Тарасова, В. Топорков, И. Раевский, В. Орлов, А. Карев, Г. Герасимов, Б. Вершилов, А. Грибов. Основу педагогического коллектива составляют: А. Степанова, П. Массальский, О. Ефремов, Е. Морес, В. Марков, С. Пилявская, Е. Евстигнеев, В. Шверубович (Качалов), профессора В. Радомысленский, А. Зись, В. Виленкин. Актерский факультет Школы-студии окончили А. Баталов, Е. Урбанский, Л. Губанов, В. Давыдов и другие, составившие ядро труппы МХАТа, театра «Современник», молодежного Нового драматического театра-студии, значительную часть трупп Театра им. В. Маяковского и многих театров Москвы, Ленинграда, других городов страны».

Читатель заметил, что фамилия моего героя в перечне выпускников вуза отсутствует. Скажу вам даже больше: БСЭ вообще не знает, кто такой Табаков. Хотя к моменту выпуска тома № 25 с буквой «Т» (1976 год) Олег Павлович был уже и заслуженным артистом, и лауреатом Государственной премии, и снялся в 34 очень популярных фильмах, включая легендарный «Семнадцать мгновений весны». Но... *«Народного СССР мне долго не давали. Один очень известный актер, гораздо иных толерантнее к властям, так и сказал: «Пусть Лелик язык за зубами научится держать!»* Нет, Табаков никогда не фрондировал к властям предержащим, можно даже сказать, что во многом и чаще с властью сотрудничал. Однако всегда и во всем выглядел той самой кошкой, которая самостоятельно гуляет по крышам. А такая «самостийность» никогда сильным мира сего не нравилась. Впрочем, если бы, предположим, сейчас переиздавалась та же БСЭ, то, вне всяких сомнений, фамилия Табакова стояла бы в самых первых рядах мхатовцев. Буквально даже в таком перечислении: К. Станиславский, В. Немирович-Данченко, О. Ефремов, О. Табаков. Нравится это кому-то или нет, но сей великий деятель театра и кино уже прочно впечатан в этом каноническом, великом ряду. Он уже почти что памятник. Хотя я более чем уверен, что получу за такие речи от самого Олега Павловича прилично на орехи. Ну и что? В изложенной констатации это уже ничего не изменит. Сегодня Табаков — главный хранитель МХАТа, мхатовской школы, мхатовского духа в отечественном театральном пространстве.

Только все эти рассуждения как бы по касательной, а выдержка из БСЭ приведена очень даже по конкретному поводу. Мне хотелось продемонстрировать читателю шеренгу тех великих корифеев, которые шлифовали из моего героя профессионала и человека. Василий Осипович Топорков — четвертый в списке выдающихся педагогов-мхатовцев. Однако на самом деле он один из первых, если не первый советский театральный педагог. Народный артист СССР, блестящий актер, Василий Осипович, ко всему прочему, еще и автор двух совершенно потрясающих книг: «Станиславский на репетиции» и «О технике актера». Заведуя кафедрой актерского мастерства, он и руководил курсом, на котором учился Табаков.

...В юности Топорков пел в Придворной певческой капелле. В 1909 году окончил Петербургское театральное училище (класс Степана Яковлева). Играл затем в Суворинском театре в Санкт-Петербурге. Воевал в Первую мировую. Попал в плен и провел в неволе четыре года. Вернувшись на родину, играл в московском театре Корша. А с 1927 года работал во МХАТе под руководством К. С. Станиславского. Творческий диапазон Топоркова был огромен. Игра его отличалась предельной органичностью, острым, выразительным внешним рисунком. Скупой на похвалы актерам, Михаил Булгаков отмечал: «Мне кажется, что Топорков моего Мышлаевского лучше понял и играет его первоклассно».

Василий Осипович скончался летом 1970 года, поэтому мне, москвичу с 1977 года, видеть его воочию не посчастливилось. А с фотографий и по описанию тех, кто его близко знавал, портрет получается очень даже неказистый. Широкий нос; крупное, грубой, как говорят, топорной отделки лицо; тщедушный, с губами прямо-таки негритянского объема. Мягко говоря, не сильно красив, а говоря честно, очень даже не красив. Но боже ж ты мой, как же Топорков умел преображаться на сцене — это словами передать трудно.

Он мгновенно становился выше ростом и превращался в красавца с орлиным профилем. И потому всегда был ведущим артистом Художественного театра. Играл самые разнообразные роли — от Виткова в «Последних днях» Булгакова до Эзопа в пьесе Гильермо Фигейредо «Лиса и виноград». В «Плодах просвещения» Топорков исполнял роль профессора Круглосветлова. Спектакль и сам по себе был изумительный, со многими просто совершенными актерскими работами, вызывавшими восторг и радость зрителей. На «Плодах просвещения» хохотали, как нигде больше. Там блистали и Станицын, и Массальский, и Фаина Шевченко, гениально игравшая толстую барыню Табун-Турковскую, но лидировал в сыгранном коллективе всегда Топорков.

«Василий Осипович был чародеем. Актерским мастерством владел магически, подлинные фокусы показывал. Разумеется, это были не карточные трюки и не иллюзии, а скорее сеансы массового гипноза. Когда он приходил в отчаяние от нашей тупости и бездарности, то начинал вдруг что-то делать сам. Читать басни. Или однажды на репетиции «Ревизора» стал декламировать «Вечера на хуторе близ Диканьки». Меня тогда посетила настоящая галлюцинация: перед глазами поплыли горы дынь, арбузов, возникли запахи... Это было видение, мираж. Чудо!»

Причем для совершения «чуда» Василию Осиповичу не требовалось ни особого реквизита, ни помощников — ничего. Мог просто выйти на пустую сцену и элементарно прочитать какой-то узнаваемый моно-

Актер Московского театра «Современник» Олег Табаков, 1964 год

Олег Табаков в роли Шелленберга в телевизионном
художественном фильме Татьяны Лиозновой «Семнадцать
мгновений весны», 1974 год

Актер театра «Современник» Олег Табаков в роли
Архангельского в спектакле «Погода на завтра», 1974 год

Олег Табаков и главный режиссер театра «Современник» Галина Волчек, 1975 год

1981 год

50-летие Школы-студии МХАТ. На сцене выступают ректор
Школы-студии МХАТ Олег Табаков и главный режиссер МХАТ
им. А.П. Чехова Олег Ефремов, 1993 год

лог. И уже нельзя было не подпасть под его магию, не пойти за ним туда, куда он звал. Василия Осиповича Природа создала исключительно и только для сцены. Вне ее он был немыслим. За всю свою многолетнюю театральную деятельность он не знал провалов, неудач или даже просто посредственных работ. К сожалению, его очень мало снимали в кино — не подходил по типажу или, как теперь любят говорить, не вписывался в формат. И потому документальные подтверждения выдающегося мастерства Топоркова крайне скудны. Но все его ученики не забудут учителя никогда. Они все называли его «Дедом Василием». Так бойцы еще кличут своих любимых командиров «батями». А кому-то Топорков даже казался смешным, поскольку мог появиться в аудитории с расстегнутой ширинкой. Да, он стремительно старел, как и всякий лицедей, каждый раз выкладывающийся на сцене словно на последнем спектакле. Тот же Табаков помнит Топоркова уже достаточно пожилым человеком, но никогда таким, который бы вызывал сострадание. Ибо мастер, столь волшебно владеющий ремеслом, не мог быть смешным и жалким по определению.

«Василий Осипович, как никто в этом мире, умел вовремя остановить меня и объяснить: вот это — твое, то, что ты можешь, а вот этого тебе делать не нужно никогда. Глядя на него, у меня вначале редко, а затем все чаще рождались и множились сладкие, будоражащие мысли, что, может быть, и я когда-нибудь смогу так, как он. Потом моя надежда переросла в веру. Я никогда не воспринимал Топоркова как хрестоматию. Спектакли с его участием были театральными событиями, в значительной степени разрушавшими стереотипы моего представления о том, что такое театр, чем он может заниматься и о чем может рассказывать. Для меня Василий Осипович был больше, нежели только учитель. Он как-то по-мужски доверял мне. Как я это понимаю сейчас, любой педагог невольно выделяет учеников, которые напоминают ему его самого, бессознательно идентифицирует себя с этим учеником, возникает особая связь. Так, очевидно, и было у меня с моим учителем. Он как-то соотносил свой опыт с моей неопытностью. На репетиции, сидя в темном зале, мог вдруг задать тихим шепотом чисто «мужской» вопрос о той или иной девушке: мол, что ты думаешь об определенных ее качествах? По тем временам это было необычным, почти вызывающим поступком. Такое доверие мастера льстило и как бы окрыляло. Оно уравнивало меня, актера-ученика, с актером-учителем, хотя бы на бытовом уровне. Топорков, вообще, был земным существом и по-земному радостно относился ко всему окружающему. Принадлежа к корифеям МХАТа, он был совершенно доступен. Невероятного таланта актер, Василий Осипович в жизни был нормальным, умным, добрым и интеллигентным человеком. Он очень выделялся во мхатовской, чуть снобистской, среде. Через него мы, студенты, как бы приобщались к великой когорте мастеров. Так же как мы приобщались к служению искусству на встречах с живыми легендами, которых он приводил в Школу. Одно перечисление тех имен приводит душу в состояние замирания: Борис Леонидович Пастернак, Александр Николаевич Вертинский, Анна Андреевна Ахматова, замечательный актер из Северной Осетии Владимир Васильевич Тхапсаев — мы смотрели на них, слушали, жадно впитывали и мечтали о своем. А когда мы окончили Школу, Топорков устроил банкет для выпускников. На собственные средства. Я сам ходил тогда вместе с Василием Осиповичем и Ниной Заваровой, девушкой с нашего курса, в сберкассу, где он снял деньги и дал их нам на это мероприятие. По тем временам банкет для студентов — событие невероятное, нечто из разряда паранормальных явлений. Я запомнил этот его поступок навсегда. Поэтому теперь мне всегда как-то странно и дико вато слышать вопросы журналистов, выясняющих: «А правда, что вы помогаете студентам и своим актерам?» Не хочу ничего комментировать. Просто в юности я видел, как себя ведет мой учитель, и этот совершенно естественный, на мой взгляд, процесс продолжается в моих поступках и делах. Это — важное подтверждение того, что курс театрального института является семейным образованием. Некая ячейка, где должен быть Отец — выручающий, помогающий, одобряющий, вершащий по возможности справедливый суд — то есть делающий все то, что полагается в нормальной семье. Хожу к нему на могилу два раза в год. Но до сих пор не добился, чтобы была открыта мемориальная доска на доме, где жил Василий Осипович, хотя не этим, конечно, жива память о человеке. Топорков жив в Вале Гафте, во мне, во всех своих бессчетных учениках…»

* * *

В те благословенные для моего героя времена Школу-студию возглавлял руководитель милостью божьей — Вениамин Захарович Радомысленский. Родился в семье портного. Окончил Симферопольское профтехучилище Крымшвейторга по специальности портной. В конце двадцатых поступил на столичный рабфак искусств. Затем учился на литературном факультете Московского университета. Оттуда его призвали служить на Балтийский флот. На фронт ушел добровольцем. Служил политработником Северного военно-морского флота, начальником местного военного театра. После Победы Радомысленского назначили ректором Школы-студии МХАТ им. В. И. Немировича-Данченко. В этой должности проработал 35 лет! У студентов пользовался высочайшим авторитетом. Его любовно называли «папа Веня». Каждое свое выступление на празднике начала нового учебного года неизменно заканчивал боевой командой: «Ну, по коням!»

...Впервые это прозвище — «папа Веня» я услышал от Владимира Высоцкого, который, к слову, год проучился в Школе-студии вместе с Табаковым. А про Владимира Семеновича я написал книгу «Босая душа, или Каким я знал Высоцкого». Сам Олег Павлович вспоминал: *«Папа Веня» много времени уделял Володе Высоцкому, который не был в те годы первым студентом. Володя часто нарушал разные дисциплинарные условности, балагурил, был неуправляем, но Радомысленский одним из первых почувствовал в нем искру Божию. Уже много позже, когда Высоцкий стал зна-*

менитым, *Вениамин Захарович часто приглашал его в училище, и мы собирались, чтобы послушать его песни. Володя всегда с неизменным почтением относился к Радомысленскому».*

Жизнь Вениамина Захаровича — зримое воплощение подлинного служения искусству. Умный, яркий и удивительно творческий человек обладал уникальным даром строить и облагораживать человеческое общежитие. Тепло и заботу Радомысленского ощущал каждый человек, которому волею случая выпало счастье работать рядом с ним или учиться в возглавляемой им Школе-студии МХАТ. В том самом прозвище «наш папа Веня» никогда поэтому не сквозили фамильярность, отсутствие такта или непонимание должной дистанции. Его студенты просто любили. Радосмысленский, на чьих плечах лежала колоссальная ответственность за то, чему и как учат в мхатовской школе, старался быть предельно внимателен к каждому человеку, к его творческим поискам. Он с азартом и страстностью поддерживал то, что казалось ему новым и интересным, позволяя тем самым развиваться как самой Школе-студии, так и студентам. Именно он собрал тот уникальный педагогический состав актерского и постановочного факультетов, благодаря которому Школа-студия воспитала и выпустила многих выдающихся деятелей отечественного театрального искусства. Да и Театр-студия «Современник» своим возникновением, а потом и творческим становлением во многом обязан именно Радомысленскому. У меня была счастливая возможность поговорить на эту тему с Ефремовым, с которым сделал не одно интервью. Так вот Олег Николаевич совершенно недвусмысленно утверждал: если бы не поддержка Вениамина Захаровича, «Современник» никогда бы не состоялся. «Он был для нас тараном, но чаще — парламентером в высших инстанциях, где, по существу, и решалась судьба театра».

* * *

Учился мой герой без фанатизма, но и не спустя рукава — спокойно так и размеренно. Как там у Толстого в «Войне и мире»: «Айне колонне маршрен, цвайне колонне маршрен» (одна колонна идет, вторая колонна идет). Почему сгенерировалась эта германская реминисценция? Дело в том, что Табаков понемногу, на бытовом уровне, владеет несколькими языками. Но немецким — весьма прилично. Однажды он опоздал на какую-то важную встречу с Президентом Путиным и оправдался, сам того от себя не ожидая: «Энтшульдиген зи, биттэ. Их бин кранк». (Извините, пожалуйста, я заболел.) На что получил от Владимира Владимировича невозмутимое: «Дас ис ублих, нормаль. Зетцен зи битте». (Это нормально. Садитесь, пожалуйста.)

Так называемым общественным дисциплинам Олег уделял весьма скромное внимание, выезжая в основном на приличной школьной базе и просто-таки великолепной памяти. Заучить что-то на скоростях, «запудрить» потом мозги педагогу—историку, обществоведу или другому предметнику, а на следующий же день все забыть напрочь — это юноша мог проделывать элементарно. Но что касается профессии, то здесь он спуску себе никогда не давал. Без понуканий и подсказок понимал: ремесло надо постигать истово. Наивысшим достижением Табакова на втором курсе стал отрывок из «Ревизора», где он сыграл Хлестакова. Роль оказалась особой в биографии актера. Прикоснувшись к ней в юности, Олег Павлович сыграл ее по-настоящему лишь в зрелом возрасте, да и то в Чехословакии, как раз перед знаменитой пражской весной. А в студенческую пору вместе с Игорем Задереем и Толей Карповым просто хорошо, на совесть отработал сцену с трактирным слугой и Осипом. И неожиданно для себя обнаружил, что даже на студенческом этюде можно получать настоящее одобрение людей знающих. На прогон этюда пришла Елена Петровна Пестель, ученица Михаила Александровича Чехова, и наговорила Табакову кучу всяких комплиментов, самый главный из которых заключался в том, что: «Вы, Олег, очень похожи на Михаила Александровича Чехова».

До этой похвалы молодой Табаков пребывал, если так можно выразиться, в полосе ученичества. И вдруг, в одночасье, понял, что перешел в категорию всамделишных, настоящих артистов, от которого коллеги уже ждут результата постоянного, стабильного. Это все равно, как учишься езде на велосипеде. Долго равновесие не поддается. Нервничаешь, потеешь, злишься. А потом раз — и поехал. И оказывается, что на самом деле держать равновесие не так уж и сложно. Потом о нем и вовсе забываешь. Вот и в Хлестакове Табаков забыл о сценическом равновесии.

* * *

Середина учебы в Школе Художественного театра, ее экватор, ознаменовалась для Табакова еще одним событием, оставившим просто-таки неизгладимый след на всей последующей жизни актера. Он попал в семью наследников великого русского художника, первого портретиста России Валентина Александровича Серова.

В этом месте мне почему-то вспомнился изрядно устаревший анекдот, когда на международный конкурс скрипачей от Советского Союза послали двух исполнителей. Победителя ждала награда — скрипка, изготовленная великим мастером Антонио Страдивари. В тяжелой, изнурительной борьбе один советский скрипач занял второе место, а другой — последнее. И вот серебряный призер льет горькие слезы, а неудачник удивляется: «И чего ты так убиваешься? Подумаешь, скрипка — деревяшка какая-то».— «Ну как ты не понимаешь! Представь себе: для меня эта скрипка все равно, что для тебя пистолет, подаренный Дзержинским».

Вот и вы, читатель, попробуйте представить себя на месте начитанного юноши, не без определенных способностей, но не успевшего еще избавиться от многих провинциальных комплексов. И вдруг этот самолюбивый во многом и самоуверенный провинциал попадает в самое натуральное (шутки в сторону!) высшее интеллектуальное общество. Для Олега то было потрясением, растянувшимся на несколько лет. Можно даже утверждать, без особого риска ошибиться, что если бы Табаков не попал в семью Серовых, биография его потекла бы совсем в ином направлении.

А как все случилось. На курсе Олега училась Сусанна Серова. Впоследствии она окончит Школу-студию с отличием. Поработает в саратовском Театре юного зрителя, в столичном на Малой Бронной. Но настоящее свое призвание найдет в режиссуре и педагогике. Сделает такие известные программы на телевидении, как «МХАТ и Чехов», «МХАТ и Горький», цикл передач «Искусство стихотворного перевода», передачи «Ван Гог в Арле», «Бунин. Страницы творчества», «Марина Цветаева» и многие другие. Возглавит Студию художественного слова при Центральном доме ученых. Будет преподавать сценическую речь в мастерских О. Табакова, П. Фоменко, С. Женовача, С. Голомазова. Напишет несколько книг, в том числе два сборника стихотворений: «Я молча кричу» и «Перед распахнутой дверью».

Так вот шестьдесят с гаком лет назад Олег в Сусанну влюбился. Сильно и безответно. Поскольку девушка уже была замужем за Дмитрием Михайловичем Серовым, который находился в длительной зарубежной командировке. Платоническая влюбленность юноши длилась долго. За это время он познакомился с двоюродной сестрой Дмитрия — Ольгой Александровной Хортик. Мать Оли и была старшей дочерью корифея русского портрета Валентина Серова. Впрочем, если бы даже в жилах Ольги Александровны текла и «обыкновенная кровь», это бы не изменило ее необычной, какой-то внеземной сути. *«Редко мне доводилось встречать человека, так неназойливо, но настойчиво отстаивающего свою потребность быть интеллигентным. В значительной степени содержанием жизни Ольги Александровны было устройство быта и облег-*

*чение жизни близких. Все в семье, даже четырехлет-
няя Катя, дочь Сусанны Павловны, называли ее Олеч-
кой. Я попал в поле зрения Олечки со всеми своими
молодыми проблемами, главной из которой была моя
страсть к Сусанне Павловне».*

Холодной зимой 1955 года у влюбленного «шко-
ляра» случилась ангина в тяжелейшей форме. Ольга
Александровна, ни секунды не задумываясь, эвакуи-
ровала больного со всеми его вещами из Трифопа-
ги на собственную пятикомнатную квартиру по Большой Молчановке, 18. Так второкурсник Табаков стал
одним из многочисленных приживал большого дома
Серовых. Его кормили, поили, окружали вниманием,
заботой, лаской. Очень даже может быть, что добрая
и мудрая Ольга Александровна столь сложной много-
ходовкой спасала жену брата от влюбленного юнца. Но
кто теперь установит истину? Да и нужна ли она? Важно другое. Табаков прожил у Серовых остаток второго,
третий, четвертый курс учебы в Школе Художественного. И — даже первый год «Современника», пока не
снял квартиру на собственные средства.

В доме Серовых всегда было много народу. Помимо
жильцов: Ольги, Сусанны, девочки Кати, ее няни, Нины
Юдаевой, была девушка — татарка Сара, выполнявшая
функции повара и экономки. Она и кормила всю эту
разношерстную толпу, проходившую через гостеприим-
ную пятикомнатную квартиру. В ней постоянно появля-
лись новые люди, выходившие из лагерей. Так пришла
и осталась Елена Петровна Пестель, из рода того самого
Пестеля. Затем появился ее тоже отсидевший сын Юрий

Пестель. Одно время жила внучка польского революционера Серошевского, Мария Вацлавовна. Многие использовали квартиру Серовых как перевалочный пункт до тех пор, покуда не получат жилье. *«Однако сердцем дома была Ольга Александровна. Звучит красиво, но абсолютно верно, без всякой идеализации. А потом, вы представляете себе квартиру, где на стене висит «Похищение Европы» кисти дедушки, Серова? Авторская копия. Все было освящено его гением, а Олечка была таким материализованным подтверждением, что это не музей, и никакая не экспозиция, и не дни культуры или дни памяти Валентина Александровича Серова, а, собственно, реальная жизнь, которая вот таким естественным образом переплеталась с историей русской культуры. Как можно было не поверить в себя, находясь там? Сейчас я с большим трудом могу себе представить, как же не мешали-то люди друг другу, обитая в квартире в таком количестве? Этот феномен объясняется лишь одним — бесконечным и искренним доброжелательством «принимающей стороны». Любовь Оли оберегает меня всю мою жизнь, как и любовь мамы, бабушки, Колавны... Спустя годы Олечка с удивительной нежностью относилась к моему сыну Антону. Она дарила его своей любовью и заботой, как в пустяках, так и в чемто серьезном».*

* * *

На студенческой скамье Табакова заприметил и отечественный кинематограф. Его приглашали на пробы кинорежиссеры Юрий Егоров для фильма «Добровольцы», Юрий Озеров, приступавший к съемкам фильма «Сын», Николай Досталь, другие. Александр Алов и Владимир Наумов хотели пробовать Олега на роль Корчагина. Всех их интересовало новое, необычное лицо. Но дальше проб дело не продвигалось еще и потому, что в Школе-студии существовало незыблемое правило, всячески поддерживаемое артистами постарше: студент может сниматься в кино лишь на четвертом курсе, и то ближе туда, к выпуску. Разрешить студенту младшего курса сниматься мог только «папа Веня». И режиссер Софья Милькина, помогавшая Михаилу Швейцеру (ее фильмы — «Время, вперед!», «Крейцерова соната», «Как живете, караси), придумала сложную многоходовку для того, чтобы заполучить Табакова в группу, снимавшую ленту «Тугой узел» по повести Владимира Тендрякова «Саша вступает в жизнь». Ее план предусматривал, что съемки фильма будут вестись не только «Мосфильмом», но при самом активном участи Школы-студии. Для этого роль юного героя Саши отдавалась Табакову, а главного героя — секретаря райкома партии должен был играть Урбанский. Однако хозяин «Мосфильма» Иван Пырьев заменил последнего на Виктора Авдюшко.

Напомню вкратце сюжет ленты. После смерти старого секретаря райкома в должность партийного руководителя района вступает энергичный Павел Мансуров. Председатели колхозов поначалу с одобрением воспринимают деятельность молодого лидера. Однако вскоре понимают: Мансурова вовсе не дела хозяйств интересуют. Он строит собственную карьеру. Берет для района завышенные обязательства. После жесткого разговора с ним кончает жизнь самоубийством старейший председатель района. Чтобы дискредитировать другого, Мансуров организует разоблачительную статью в газете. Одним из его ярых оппонентов становится сын прежнего секретаря райкома — юный Саша Комелев. Ну и — любовный треугольник. Саша ухаживает за звеньевой Катей Зеленцовой. Перед самой свадьбой она вдруг заявляет, что любит секретаря райкома. Катя знает, что Мансурова люди не уважают. Но считает, что он одинок, его не понимают. А потом случайно слышит, как Павел плетет наветы, и понимает, что жестоко ошиблась.

Известный театровед Туровская, назвав кинематографический дебют Табакова вполне удачным, добавила, что это вовсе не начало экранной биографии, а «в лучшем случае преддверие, очень приблизительный и бледный эскиз образа, который создаст позже актер Табаков и который создаст Табакова-актера». Майя Иосифовна, старейший и авторитетнейший театральный и кинокритик в стране, безусловно, права. КПД Олега Павловича в этой кинокартине был сродни КПД паровоза. Но не по его личной вине его герой остался не реализованным полностью. Все дело в том, что режиссер сконцентрировал свое внимание исключительно на раскрытии характера Мансурова. И Швейцера тоже понять можно. Он, может быть, впервые в советском кино показывал секретаря райкома партии не идеальным героем, а вполне земным человеком. И поэтому в его тени поневоле остались другие персонажи. Тот же Саша Комелев не столько действовал в картине, сколько досадно наблюдал за происходящим, включая и его несостоявшуюся любовь. И тем не менее всему культурному сообществу страны после фильма «Тугой узел» стало ясно: в отечественном кинематографе появился новый актер не просто с хорошими данными, не просто подающий надежды, а мастер, способный с разнообразной и достоверной безыскусственностью передавать эмоции и чувства на экране, умеющий создавать кинообразы так, как до него еще никто не создавал.

* * *

Близилось окончание учебы в Школе-студии. Сокурсники Табакова пребывали в неописуемом смятении, связанном с предстоящим распределением по театрам страны. Кто никогда в жизни не переживал подобных моментов, тому бесполезно описывать всю их сложность, тяжесть, а временами и трагичность. Понятно, что жизнь, в конечном итоге, расставит всех и вся по своим неумолимым законам и принципам. Но покидающему вуз выпускнику всегда кажется, что он — лично хозяин своей судьбы и только от него зависит все его будущее. Важно лишь получить хорошее распределение. Многие хотели остаться в столице, не понимая той простой истины, что штурмовать сценические высоты лучше всего с периферийных театров, где ролей вдоволь и не придется годами талдычить одну фразу: «Кушать подано!»

Табакова счастливо обошли выпускные треволнения. Его судьбу прочно держал в руках О. В. Топорков. Практик до мозга костей, он прекрасно знал театральную кухню изнутри. И по-отечески переживал за своего лучшего ученика. Поэтому на предложение руководства МХАТа, которое заинтересовалось молодым Табаковым, Топорков ответил: «Это здорово, что вы его заприметили. Но что он будет у нас играть?» — «Возможно, Федотика в «Трех сестрах», — промямлило «руководство», — а в будущем мы, вероятно, возобновим «Женитьбу Фигаро», и Табаков, быть может, получит роль Керубино». «Быть может, вероятно, возможно»... Топоркова и его ученика эти расплывчатые формулировки не устраивали. И распределение Олег получил в театр имени Станиславского. Его худрук Михаил Яншин прислал заявки на Урбанского и Табакова. Евгений Яковлевич так там и остался. Олега Павловича звали другие дали. На его горизонте уже стоял человек, совершивший малую революцию в большом театральном мире огромного Советского Союза, — Олег Ефремов.

Поначалу Олег Николаевич поставил на старшем курсе Кваши и Волчек спектакль «В добрый час!» Виктора Розова. Действо оказалось чрезвычайно удачным. С ним ребята гастролировали на целине. Потом Ефремов режиссировал дипломную работу студийцев «Фабричная девчонка» Александра Володина. И уже из двух этих постановок стали вырисовываться контуры какого-то совершенно нового и непривычного, нетрадиционного театра. Ту новизну заприметили и одобрили Топорков с Радомысленским. Так начиналось содружество, развившееся затем в Студию молодых актеров. Идея в принципе оригинальностью не блистала. Еще до войны Алексей Арбузов и Валентин Плучек воплощали нечто подобное. Их примеру тогда последовали Константин Воинов и Иосиф Туманов. Однако усилия этих режиссеров не увенчались конечным и благополучным успехом. Наверное, время еще не приспело. А вот у Ефремова все сложилось благополучно во многом и благодаря той самой «оттепели», о которой здесь уже говорено. Олегу Николаевичу в осуществлении его благородного замысла, помимо уже упомянутых Топоркова и Радомысленского, деятельно помогали Борис Львов-Анохин, Анатолий Эфрос и Виктор Монюков (Франке). Но особо следует отметить усилия Виталия Виленкина. Он работал секретарем Владимира Немировича-Данченко, дружил с Булгаковым, Ахматовой, Пастернаком. Разносторонний литератор, автор книг о Модильяни, исследований о Немировиче-Данченко, о Художественном театре, он слыл человеком потрясающей доброты по отношению к студентам. Виталий Яковлевич явился благородным «хранителем тайны и веры» молодых артистов. Его добрыми руками был спеленат «Современник».

Под занавес 1955 года Студия молодых актеров показала во всех отношениях исторический, эпохальный спектакль «Вечно живые». Участник Великой Отечественной войны (в самом ее начале вступил в народное ополчение) Виктор Сергеевич Розов написал эту пьесу в Костроме, где находился в отпуске после ранения. Темой оригинального произведения стал сложный нравственный выбор, перед которым оказываются все, по чьим судьбам прокатывается жестокий каток войны. Первым пьесу поставил Костромской областной театр. Но она прошла как-то незамеченной.

Для «Современника» Розов существенно переработал «Вечно живые». Снял некоторые мелодраматические мотивы, укрупнил главных персонажей. По существу, это было новое произведение. Критика единодушно утверждала, что пьеса далеко выходит за круг проблем личностной этики и становится масштабным драматическим событием в стране. Слова главного героя Бориса Бороздина: «Если я честный, я должен» — стали впоследствии нравственным девизом нового театрального коллектива столицы. Над «Вечно живыми» работали: постановщик Олег Ефремов, художники Л. Батурин, Д. Лазарев. Роли исполняли: Федор Иванович Бороздин — М. Зимин, Варвара Капитоновна — Л. Студнева, Борис — О. Ефремов, Ирина — Л. Толмачева, Марк — Г. Печников, Вероника — С. Мизери, Ковалева — Г. Степанова, Владимир — И. Кваша, Степан — Н. Пастухов, Кузьмин — В. Сергачев, Даша — Е. Миллиоти, Люба — Л. Качанова, Монастырская — А. Елисеева, Варя — К. Филиппова, Нюрка-хлеборезка — Г. Волчек, Миша — О. Табаков, Танечка — А. Голубева, Чернов — Е. Евстигнеев. В последующих редакциях О. Ефремов играл Федора Ивановича Бороздина. Примечательно, что в самом первом варианте «Вечно живых» роль Миши играл Леонид Харитонов. В то время он уже был звездой первой величины в советском кинематографе. Ну и слегка «зазвездился». Ефремов с удовольствием заменил его на Табакова. И попадание оказалось стопроцентным. В этом составе «Вечно живые» и стали отечественной классикой. Из них вырос «Современник» — самое крупное явление в советской культуре середины пятидесятых годов ушедшего века.

Возникновение именно такого — современного молодежного театра с совершенно новым репертуаром стало своеобразным вызовом устаревшим и косным принципам МХАТа, который на тот момент уже почти перестал волновать публику. Сказались и общественно-политические перемены той поры, и событие экстраординарное — развенчания культа личности Сталина. У драматических творцов появилась невиданная доселе творческая свобода, возможность безбоязненно анализировать самые животрепещущие проблемы современности и напрямую говорить со зрителем. Почти все постановки «Современника» исполнялись в жанре реализма, но с четким акцентом на психологизм, что впоследствии критики стали именовать «шептальным реализмом». Но самое главное — «птенцы Ефремова» отказались от большинства классических произведений ради постановок таких современных авторов, как Виктор Розов, Константин Симонов, Александр Володин.

По некоторым направлениям театральной жизни «Современник» вообще как бы выламывался из тугой обоймы отечественных драматических коллективов. Здесь первейшее внимание обращалось на совместную игру актеров, всячески поддерживались их творческие начинания и даже завиральные идеи. Все члены студии имели равные права с художественным руководителем. Когда, например, решался какой-то вопрос, связанный с деятельностью Ефремова, его просили... покинуть помещение. А сам Олег Николаевич скорее давал советы своим коллегам, чем управлял подчиненными ему актерами. К тому же он всячески поощрял «режиссерские поползновения» ведущих актеров — вещь, теоретически немыслимая в остальных театрах СССР. Каждый сезон в труппе заканчивался общим собранием — «агорой «Современника». Простым и открытым голосованием решались проблемы «святая святых» в других коллективах — кто из актеров получит прибавку за отличную игру, а с кем и придется расстаться по творческим или даже идейным соображениям.

Как уже говорилось, Студия молодых актеров открылась премьерой спектакля «Вечно живые». На его основе, к слову, впоследствии Михаил Калатозов снял фильм «Летят журавли». Картина стала лауреатом «Золотой пальмовой ветви» международного кинофестиваля 1958 года. Дальнейший репертуар «Современника» пополнялся такими нашумевшими вещами, как «В день свадьбы», «Традиционный сбор» по пьесам Розова; «Старшая сестра», «Без креста!» по повестям Владимира Тендрякова; «Чудотворная», «Двое на качелях» американского драматурга Уильяма Гибсона; «Всегда в продаже» Василия Аксенова; «Обыкновенная история» по роману Ивана Гончарова; «Баллада о невеселом кабачке» в инсценировке Эдварда Олби; «На дне» по пьесе Максима Горького и другими. Смело поднимал молодежный театр и острые социальные темы. Так, тема Великой Октябрьской социалистической революции была затронута в трилогии, состоящей из спектаклей «Декабристы» по пьесе Леонида Зорина, «Народовольцы» по пьесе Александра Свободина и «Большевики» по пьесе Михаила Шатрова. Зрителю предлагалось нестандартно, по-новому взглянуть на события революции, на ее героев. Они представали не забронзовелыми историческими фигурами, а живыми и человечными, со всеми людскими эмоциями. Без преувеличения потряс столичную публику спектакль «Голый король», поставленный режиссером Маргаритой Микаэлян по пьесе Евгения Шварца. Вначале постановка избежала какой бы то ни было цензуры, но в 1966 году, после премьеры на гастролях в Ленинграде, художественный совет «Современника» жестко раскритиковали на коллегии в министерстве культуры. В наказание «за своеволие» театр даже временно лишили собственного помещения.

Тоже, кстати, интереснейшая ситуация, не наблюдавшаяся более ни в одном театральном коллективе Москвы. Ко времени, о котором идет речь, актеры, только что окончившие Школу-студию при МХАТе, работали в разных театрах. Репетировали «Вечно живых» поэтому ночами. Да и сама премьера тоже состоялась ближе к полуночи. Сцену предоставил МХАТ, так как студия долго время не имела собственного помещения. Официальное имя театр получил лишь в апреле 1958 года, когда ректор Школы-студии МХАТ Вениамин Радомысленский предложил Ефремову поменять название студии после посещения одного из спектаклей. Еще через восемь (!) лет «Современник» получил статус театра и собственную площадку на станции метро «Маяковская», в доме 1 на Триумфальной площади.

«Ночные бдения, репетиции «Вечно живых», по сути дела, были продолжением радостных занятий профессией. В те поры никаких художественных свершений, на мой взгляд, я не делал. Годился, наверное, мой экстерьер, моя тонкая шея, которая, будучи обернутой

трикотажной фуфайкой, и в сочетании со спортивными штанами, заправленными в тяжелые бутсы, составляла довольно жизненный облик студента Миши в «Вечно живых». Валя Гафт впоследствии так описывал мою внешность: «Худющий, с острым кадыком,/ В солдаты признанный негодным,/ Он мыл тарелки языком,/ Поскольку был всегда голодным».

Но лицо мое было округлым и довольно милым. Круг ролей, которые мне приходилось играть в «Современнике» в первые годы, естественным образом вытекал из моих физических, двигательных, психофизических и прочих данных. Вообще-то это амплуа называется «лирический герой» или «молодой герой», но советское время требовало своего: молодой герой обязательно должен был быть производственником, добывающим авторитет на ударной стройке, у мартена или у станка. Мои герои были вступающими в жизнь школьниками или студентами — людьми достаточно разными, объединенными желанием найти свое призвание в жизни. Казалось, круг исполняемых мною ролей неотвратимо должен был привести к последующему тиражированию самого себя в разных ипостасях. Но этого, к счастью, не случилось. Иные мои актерские данные все равно были раскрыты и востребованы. И произошло это в «Современнике».

Костяк будущего «Современника» организовывался и структурировался, конечно же, вокруг Ефремова. В его «ближний круг» входили Галина Волчек, Игорь Кваша, Евгений Евстигнеев, Виктор Сергачев, Лилия Толмачева, Олег Табаков. Он был в этой шестерке самым младшим, самым обаятельным, самым веселым и находчивым. Однажды актеры театра «Современник» прибыли в Ригу на летние гастроли. Многие приехали с супругами и детьми. В один из вечеров они отправились в ночной ресторан. Мужчины были в смокингах, дамы в вечерних платьях, сыновья Табакова и Евстигнеева — в костюмах и белых рубашках. Швейцар преградил им дорогу и сказал, что детям на ночное шоу вход запрещен. Никому не хотелось отводить детей в гостиницу и пропускать шоу. Не растерялся лишь Табаков. Подошел к швейцару и шепнул тому на ухо: «Как вам не стыдно! Зачем оскорблять людей! Они имеют такие же права, как и все мы! Ведь это лилипуты!» Швейцар смутился, покраснел и пропустил «бедных карликов».

Позже костяк «Современника» «прирос» Николаем Пастуховым, Милой Ивановой, Марьяной Беловой, Сусанной Серовой, Геннадием Павловым, Михаилом Зиминым, Борисом Гусевым, Владимиром Паулусом. Со временем в театре появилась и долго существовала так называемая группа актеров — «кандидаты в труппу». Ну по партийному принципу: были члены Политбюро ЦК КПСС и кандидаты в члены Политбюро ЦК КПСС. И если продолжать это несколько неуклюжее сравнение, то Генеральным секретарем ЦК КПСС, конечно же, был Олег Ефремов. Впрочем, мнение Табакова здесь куда весомее и существеннее любых поползновений и претензий на юмор.

«Ефремов был первым среди нас не по должности, а по любви. Всегда. Даже когда ушел из «Современника» во МХАТ по прошествии четырнадцати лет.

Это было, как бывает в жизни, когда отец уходит из семьи. Отец любимый, отец — безусловный авторитет. Отец. И этим все сказано. Я был влюблен в Олега, ведь он — один из трех моих учителей в профессии: Сухостав, Топорков, но главный учитель — все равно Ефремов. Он дал мне некий компас ощущения себя по отношению к сообществу, сознания себя в сообществе. Он был не просто вершителем судеб — сказать так было бы неверно, скорее он был вершителем распорядка моей жизни на протяжении довольно долгого времени. Самостоятельным я стал, пожалуй, когда кино окончательно затянуло меня в свою мясорубку, и когда через несколько лет я женился, стал отцом. По сути, влюбленность в педагога есть защитная прививка против пошлости, глупости, против дурной заразы в профессии. Не случайно же на первых порах критические стрелы были направлены в актеров «Современника»: о нас писали, что мы «все, как один, — Ефремов». Кто-то, может быть, до сих пор остался на него похожим, а с людьми талантливыми произошла желанная метаморфоза — они стали сами собой. При наличии собственного содержания и дарования влюбленность в педагога проходит естественным образом. Сбрасывается, как хитиновый покров, от которого освобождаются тараканы или раки, увеличиваясь в размерах. А нежная признательность Олегу за мое становление существует во мне на протяжении всей жизни.

Таинство создания нового театра, полемизировавшего с МХАТом, и многое из того, что делал Олег Николаевич, было обусловлено успешностью его актерской практики в театре. В Центральном Детском Ефремов был звездой первой величины. Там же он сделал свою первую замечательную режиссерскую работу — водевиль Коростылева и Львовского «Димка-невидимка». И сегодня для меня фигура Олега Николаевича Ефремова, конечно, является одной из самых значительных — равно как в годы успеха, так и в годы неудач. Фигура чрезвычайно противоречивая, сложная, драматическая и, может быть, даже трагическая, но удивительная в своем стремлении к переустройству и совершенствованию театра в формах очень ясных и простых. Он придумал и создал новый театр. С Ефремова начался отсчет нового театрального времени».

Студию молодых актеров отличал не только коллективный орган художественного руководства, но и «коллективный директор». В этот орган Ефремов и кооптировал Табакова. Олег Павлович стал заниматься административными вопросами сразу после того, как написал заявление и был принят на работу с окладом в 690 рублей. И хотя юноше тогда не исполнилось и двадцати одного года, он начал в меру собственного старания и разумения заниматься самыми разнообразными экономическими, финансовыми и прочими проблемами театра. Приходилось ему оформлять деловые и творческие взаимоотношения с Художественным театром; налаживать бухгалтерскую систему, с помощью которой выплачивалось денежное вознаграждение артистам, рабочим сцены, привлеченным специалистам; обивать пороги в различных столичных кабинетах для собственной прописки и друга Женьки Евстигнеева. Или заниматься совсем уж экзотической ситуацией.

«Директору театра «Современник», Ленинградский проспект, дом 32

12-е отделение милиции города Москвы сообщает, что артист Вашего театра КОЗАКОВ Михаил Михайлович, 1934 г.р., будучи в нетрезвом состоянии и находясь на ул. Горького у дома № 14, учинил обоюдную драку с гражданином Горшфелья, при этом выражался нецензурной бранью. На предупреждение работников милиции о прекращении недостойного поведения Козаков не реагировал, за что был доставлен в отделение милиции, где был привлечен к административной ответственности.

Поступок Козакова заслуживает обсуждения среди коллектива по месту его работы.

О результатах просим сообщить в 12-е отделение милиции г. Москвы.

И.О. начальника 12-го отделения милиции г. Москвы майор милиции Письменный».

Как же в дальнейшем пригодятся Олегу Павловичу эти бесподобные организаторские и деловые навыки в его великой, подвижнической, культуртрегерской деятельности!

* * *

Поначалу студийцы играли на сцене МХАТа и даже структурно считались подразделением Художественного театра. Но уже к концу первого сезона партийное бюро вынесло постановление, разрешавшее молодым актерам свободу. Случилась такая «вольная» не от хорошей жизни. Партийное бюро, возглавляемое заслуженным артистом РФ Георгием Авдеевичем Герасимовым, выразило категорическое несогласие с репертуарной политикой Студии молодого актера. Репертуар, составленный из пьес Галича, Розова, Филиппо, не вписывался в прокрустово ложе Художественного. Так и случилось историческое отпочкование. Куратора Студии от МХАТа Григория Арнольдовича Заявлина отстранили от должности директора-распорядителя. Новый сезон Студия молодых актеров играла уже в гостинице «Советской», бывшем «Яре», где находился концертно-театральный зал. Ныне там счастливо обитает цыганский театр «Ромэн».

Переезды у нас не зря сравнивают с пожарами. Однако никакие передряги не могли вышибить молодых актеров из седла. *«То время было, конечно же, отчаянно веселое, когда море по колено. До такой степени все вокруг желали, чтобы мы родились как театр, что все, что бы мы ни делали, воспринималось на «ура». Нам прощали и отсутствие формы, как таковой, и недостаточное владение профессией, как таковой. Кто, собственно, мог владеть профессией? Женя, Лиля, Олег. Остальные — не бог уж весть какие актеры. Но зрители так хотели видеть нас, так хотели, чтобы мы состоялись, что прощали нам многое и окружали нас любовью невероятной, невероятной... Об этом уже многие писали. Однажды ко мне пришла женщина — она готовила о «Современнике» диссертацию, и принесла мне громадную кучу разных вырезок, где я не мог найти ни одного бранного слова в свой адрес. Только однажды какие-то трезвые слова сказал Костя Щербаков, да спустя тридцать лет Вера Максимова написала что-то по поводу моей роли в спектакле «Амадей»... А между этим — сплошной фимиам. Так это ощущалось».*

За первые три года работы в «Современнике» Табаков сыграл восемнадцать ролей. Ничего подобного ни в каком ином театре столицы случиться не могло. Так еще же активно снимался и в кино. Вот лишь некоторые его приметные работы той поры: «Дело пестрых», «Накануне», «Испытательный срок», «Люди на мосту», «Чистое небо», «Шумный день». Однажды Олег Павлович обмолвился: не случись в его судьбе «Современника» — однозначно стал бы киноактером и сыграл бы гораздо более важные роли в кино. Ведь если бы, к примеру, не театр, то он бы точно попал в фильм «Баллада о солдате». Володю Ивашова Григорий Чухрай разыскал лишь после того, как не срослось с Табаковым.

* * *

Начало в «Современнике» памятно для моего героя еще одним, очень важным и существенным событием: он женился. После долгого проживания «нахлебником» в семье Серовых Олег Павлович снял комнату за небольшую плату у Марии Арнольдовны Арнази. В годы Великого немого она снялась в трех картинах: «Рейс мистера Ллойда», «Пропавшие сокровища» и «Хозяин черных скал». А потом забросила кинокарьеру, поскольку была родной сестрой Клары Арнольдовны — жены Тихона Хренникова, председателя Союза советских композиторов. Иногда Клара Арнольдовна помогала молодому актеру по хозяйству. И совсем не по экономическим соображениям, а по доброте душевной. На этой квартире Олег и познакомился с Люсей Крыловой. Очень так буднично и непрезентабельно познакомился. У него случился короткий пересменок между работой в картинах «Дело пестрых» и «Накануне». В это время режиссер Ирина Поплавская готовилась к съемкам картины «Дом у дороги». Одну из главных женских ролей в этой ленте должна была играть Люся. С Ирой у них наладились очень добрые отношения, и Люся упросила подругу взять в картину «бесподобного красавца» Табакова. Там, на съемочной площадке, по существу, зародились, развивались и окрепли их отношения. Под занавес 1959 года в городском ЗАГСе, что неподалеку от кинотеатра «Форум», был зарегистрирован брак между студенткой 4-го курса театрального училища имени М. С. Щепкина Л. И. Крыловой и артистом театра «Современник» О. П. Табаковым. Впоследствии Людмила Ивановна тоже станет артисткой «Современника».

Людмила Крылова в этом году отметит свой 80-летний юбилей. Она — коренная москвичка. Детство ее выпало на тяжелые военные годы. Без матери осталась в девятилетнем возрасте. В старших классах Люся записалась в драмкружок при Дворце культуры комбината «Правда». Поступила в театральное училище имени Щепкина. В кино дебютировала еще студенткой. А потом на ее долю выпал оглушительный успех в фильме

«Добровольцы», где сыграла бесстрашную парашю-
тистку Машу Суворову. Олега Табакова девушка полюбила заочно и дала себе зарок: «Он будет мой». После
съемок в уже упоминавшемся фильме «Дом у дороги»
каждый вечер отправлялась на квартиру к возлюблен-
ному. В «Щепке» все наперебой судачили об их отношениях. Одни поддерживали решительность Крыловой,
а другие презирали ее за нравственную распущенность.
Однако все сходились во мнении: сей роман беспер-
спективен. У такого красавчика будет еще не один десяток подобных смазливых девчонок. В чем-то оказались
правы. Табаков всю жизнь не знал отбоя от воздыха-
тельниц. Меж тем с Крыловой прожил 34 года!

Дипломный спектакль Люся сдавала, прикрывая
большой живот маленькой папкой. И летом 1960 года
родила Антона, находясь на родине мужа, в Саратове. Декретный отпуск свела к минимуму. Сына остави-
ла на бабушек, а сама стала работать рядом с мужем
в «Современнике». Играла во многих спектаклях. Заодно снималась и в кино: «Битва в пути», «Молодо-зе-
лено». Особенно запомнилась зрителю в роли военного врача Тани Овсянниковой («Живые и мертвые»,
режиссер А. Столпер). А вот другие заметные кинора-
боты Крыловой той поры: Славка — «Дорога к морю»;
Ярослава — военная драма «Возмездие»; военврач —
детектив «Достояние республики»; воспитательница —
драма «Накануне премьеры»; Катенька — музыкальная
лента «Ах, водевиль, водевиль»; служанка — комедия
«Печники»; директор школы — «Сказки старого вол-
шебника»; королева — драма «Брызги шампанского».
И только через шесть лет после первенца Людмила

Ивановна родила дочь Сашу. Долгие годы чувствовала себя на седьмом небе от счастья. А что еще нужно женщине: двое детей, любящий муж, интересная работа. Увы, все преходяще, а счастье — особенно. По каким-то еле уловимым нюансам стала понимать: у нее появилась серьезная соперница. А потом и узнала ее — Марина Зудина.

Где-то в середине девяностых у супругов Табаковых состоялся откровенный разговор, после которого Людмила Ивановна скрепя сердце отпустила любимого мужчину на все четыре стороны. Сама больше замуж не выходила. Лет десять уже не снимается в кино. Но с театром «Современник» не расстается. Верует. У Людмилы Ивановны пятеро внуков.

* * *

Однако, читатель, мы с вами, сами того не заметив, сильно опередили время. Вернемся поэтому ко времени свадьбы моего героя. Она состоялась в ресторане ВТО и запомнилась Олегу Павловичу, прямо скажем, неожиданным подарком от коллектива театра «Современник». Мужчины вынесли и поставили перед женихом большую белую коробку, перевязанную лентой. Табаков ее разрезал, снял крышку и увидел в коробке аккуратно упакованную ватой... свою Люсю в подвенечном платье.

И началась их совместная семейная жизнь. Молодоженов приютили Люсин отец и ее мачеха — простые москвичи-трудяги, сделавшие все, что могли, для своих детей. Иван Иванович Крылов полвека проработал в издательстве «Правда». Мария Мироновна вела домашнее хозяйство, активно помогая дочери поднимать сына. Квартиру свою они разменяли и для молодых оставили вполне сносное жилище на той же улице Правды, а сами поселились в плохонькой комнатушке невдалеке, по улице Писцовая. В дальнейшем проблему улучшения жилья взяла в свои энергичные руки Людмила Ивановна, и за десять последующих лет молодая супружеская чета переезжала более десятка раз. Все их квартиры перечислять нет смысла. Но на одной следует все же остановиться. На улице Селезневская у Табаковых была трехкомнатная квартира. Плюс отдельная однокомнатная на том же этаже, как мастерская для хозяина, к тому времени уже ставшего заслуженным артистом РСФСР. «И вот, если я и бывал когда-нибудь удоволенным, как написал Солженицын про своего Шухова, разминавшего кровоточащими деснами дареное колечко твердокопченой колбасы перед сном, в конце одного дня жизни зэка, так это в моей мастерской. Потом мастерская стала некой разменной монетой, когда мои дети — то один, то другая — сочетались браком. Довольно долго владелицей квартиры была моя дочь Александра, получившая ее от меня в подарок на свадьбу, ну а последним предназначением «мастерской» был обмен, совершенный Антоном с доплатой на гораздо большую площадь. Но и это еще не все. Моим нынешним пристанищем стала большая квартира на Покровке, в доме, принадлежащем Комитету госбезопасности. На этом мои перемещения по Москве, кажется, закончились. Хотя я не уверен. Все квартиры мне вспоминаются сейчас, как в тумане. Я так много работал все эти годы, что ска-

зать, что жил там, не могу. Просто знакомился с обновленными жилищными условиями и отбывал в очередные экспедиции».

Очень востребованные артисты муж и жена Табаковы уделяли воспитанию сына (а потом и дочери) крайне незначительное внимание. Этим в основном занимались три Маши: мать Олега Павловича — Мария Андреевна, мачеха Мария Мироновна и соседка по саратовской коммуналке Мария Николаевна Кац. Она переехала в столицу после смерти мужа к своему любимому Олежке помогать ему во всем. Звали ее Колавна. Очень колоритная особа. Как-то раз она собралась умирать. Все честь по чести: позвала Олежку, показала ему свои посмертные наряды и сберкнижку вручила. Мол, на эти деньги меня и схоронишь. Как уже говорилось, к тому времени известный всей стране актер обиделся: «Колавна, за кого ты меня принимаешь, коли полагаешь, что не найду денег на твои похороны. Только я сильно рассчитывал на твою помощь. Люда вот-вот родит девочку». Колавна встала, отряхнула с себя болезнь и прожила еще девять лет, до тех пор, покуда Александра не стала ученицей первого класса. *«Колавна была таким цементирующим раствором, что ли, нашего дома. Семья стала сыпаться после ее смерти в семьдесят пятом году».*

* * *

В предыдущих главках мы уже отмечали то обстоятельство, что репертуар «Современника» с самого момента своего рождения всегда отличался нетрадиционным, во всех отношениях необычным и нестандартным репертуаром. Но даже если на его подмостках шли пьесы известные, которые ставились в других театрах страны, то все равно искушенный столичный зритель знал определенно: так остро, злободневно и бесстрашно, как в «Современнике», никто в стране больше не рискнет выступить. Долгие годы, если даже не целое десятилетие, вплоть до появления Театра драмы и комедии на Таганке, в Советском Союзе этот театр вообще слыл чрезвычайно радикальным в смысле дерзких идеологических прорывов. И, может быть, самым красноречивым подтверждением сказанного является спектакль «Голый король», поставленный режиссером Маргаритой Микаэлян по пьесе Евгения Шварца.

«Ко времени постановки «Голого короля» в шестидесятом году «Современник» подошел к возможному закрытию театра. Иду я однажды по Пушкинскому бульвару (тогда мы уже вселились в первое свое жилище на площади Маяковского) и вдруг вижу человека-сэндвича. В те поры человек-сэндвич представал перед глазами неискушенных советских людей только в карикатурах Бориса Ефимова, Льва Бродаты или каких-нибудь Кукрыниксов, рассказывавших о горестной судьбе простого рабочего человека в Соединенных Штатах Америки. Обычно человек-сэндвич протестовал против чего-нибудь гадкого, что делал дядя Сэм, и обязательно боролся за мир. А тут я увидел русского — советского! — человека-сэндвича, у которого на обоих плакатах спереди и сзади было

написано: «КУПЛЮ лишний билет на «ГОЛОГО КО-РОЛЯ». Это, в самом деле, было похоже на какую-то сказку».

Спектакль «Голый король» во всех отношениях вы-делялся, как бы выламывался из других постановок те-атра. Прежде всего, тем, что в нем собрались все без исключения лидеры театрального коллектива. И каж-дый демонстрировал все, на что он способен, по мак-симуму. Неотразимая Нина Дорошина восхищала своими женскими прелестями. Чары ее действовали с такой силой, что разносторонне одаренный Николай Павлович Акимов (театральный режиссер, сценограф, педагог, художник-портретист, книжный график, ил-люстратор, плакатист), посмотрев игру Дорошиной, воскликнул: «Нинок, жду тебя в своей мастерской — буду писать твой портрет для потомков!»

Первого министра уморительно смешно играл Игорь Кваша. Его сцена в паре с Виктором Сергаче-вым со временем стала отдельным концертным номе-ром. Зрители неистовствовали от того, что тупость на-ших родных начальников высмеивалась так смешно, искрометно и едко. Спектакль этот чем-то неуловимым напоминал комедию в стихах «Горе от ума» А. С. Гри-боедова, которая разошлась по миру в пословицах. Точно так же и «Голый король» почковался отдельны-ми концертными номерами. Алла Покровская в роли молоденькой фрейлины демонстрировала отдельный танцевальный номер с припевом: «Дух военный не ос-лаб!/ Умпа-парару-парура!/ Нет солдат сильнее баб!/ Умпа-па-па-ру-ра!» Олег Ефремов просто вышагивал вдоль сцены, показывая, как следует играть генерала. И зрители держались за животики.

Но, разумеется, душу спектакля, его стержень и сердцевину демонстрировал своей потрясающей игрой Евгений Евстигнеев. Однажды другой выдающийся актер той ушедшей советский поры, Михаил Ульянов, сказал автору сих строк: «Мы все, хочется верить, играем хорошо. Иначе бы на нас просто зритель не ходил бы. Но есть среди нас актеры, играющие гениально. Это — Смоктуновский, Гриценко, Евстигнеев. Каждый из них может просто выйти на сцену, ничего на ней не делать и срывать аплодисменты». А Евгений Александрович как раз делал каждый раз, лепил своего потрясающего короля на глазах у изумленной публики. Самим своим ликом он демонстрировал потрясающий ассоциативный ряд, высмеивая власть как таковую. Она, власть, к тому же была сибариту-королю в тягость: утром приходилось вставать, выслушивать подчиненных — круглых идиотов, начиная с придворного Поэта и заканчивая Первым министром. Между государственными делами следовало себя заставить жениться. В исполнении Евстигнеева король олицетворял собой всю вселенскую глупость российской власти. И еще он был просто-таки чудовищно смешон. Публика временами дико хохотала.

Вот сцена, в которой король беседует с ученым на предмет родословной принцессы.

«У ч е н ы й . ...Когда Адам...

К о р о л ь . Какой ужас! Принцесса еврейка?

У ч е н ы й . Что вы, ваше величество!

К о р о л ь . Но ведь Адам был еврей?

У ч е н ы й . Это спорный вопрос, ваше величество. У меня есть сведения, что он был караим.

К о р о л ь . Ну то-то. Мне главное, чтобы принцесса была чистой крови. Это сейчас очень модно, а я франт».

Даже сегодня не всякий театр решится на подобные «откровения».

Еще более смешно и остро выглядел разговор Первого министра в исполнении Игоря Кваши с королем.

«П е р в ы й м и н и с т р . Ваше величество! Вы знаете, что я старик честный, старик прямой. Позвольте мне сказать вам прямо, грубо, по-стариковски: вы великий человек, государь!

К о р о л ь (он очень доволен). Ну-ну! Зачем, зачем?!

П е р в ы й м и н и с т р . Нет. Мне себя не перебороть... Простите мне мою разнузданность — вы великан! Светило!»

Учитывая, что в те годы уже вовсю начали славословить по адресу «кремлевского светила-кукурузника» Н. Хрущева, это место в пьесе вызывало особый дружный хохот в зале.

Тот же Первый министр в другом месте рассуждал: «И зачем я в первые министры пошел? Зачем? Мало ли других должностей? Я чувствую — худо кончится сегодняшнее дело. Дураки увидят короля голым. Это ужасно! Это ужасно! Вся наша национальная система, все традиции держатся на непоколебимых дураках. Что будет, если они дрогнут при виде нагого государя? Поколеблются устои, затрещат стены, дым пойдет над государством! Нет, нельзя выпускать короля голым. Пышность — великая опора трона! Был у меня друг, гвардейский полковник. Вышел он в отставку, явился ко мне без мундира. И вдруг я вижу, что он не полковник, а дурак! Ужас! С блеском мундира исчез престиж, исчезло очарование. Нет! Пойду и прямо скажу государю: нельзя выходить! Нет! Нельзя!»

Табаков играл в этом дивном спектакле сразу три роли. Первая — Дирижер с буйной головой Бетховена, который регулярно страдал от похмельного синдрома. Помимо длинноволосого парика, который Олег Павлович придумал самостоятельно, была у него еще одна личная фишка — большой белый узелок, видимый даже в последних рядах зрительного зала. Даже трудно сказать почему, но эта неказистая с виду деталька волновала публику. Наверное, у каждого советского человека имелся свой личный «узелок на память».

«Д и р и ж е р. Первая скрипка, ваше превосходительство, наелась винограду и легла на солнышке. Виноградный сок, ваше превосходительство, стал бродить в животике первой скрипки и превратился в вино. Мы их будим, будим, а они брыкаются и спят.

М и н и с т р. Безобразие! Что же делать?

Д и р и ж е р. Все устроено, ваше превосходительство. На первой скрипке будет играть вторая, а на второй контрабас. Мы привязали скрипку к жерди, контрабас поставит ее как контрабас, и все будет более чем прекрасно».

В т о р о й   п е р с о н а ж — П о в а р. Он каждый раз вынужден был решать нелепую в принципе задачу: все время находясь у плиты и готовя всяческие кушанья, принимать участие в изображении всеобщего ликования по поводу выхода Короля в люди. От горячей плиты в стужу и наоборот — это верный способ добыть хроническую простуду. И Повар поэтому чихал не переставая. («*И очень я в этом чихании поднаторел. Иногда потом даже в жизни, пытаясь разрушить атмосферу серьезности или трагизма, прибегал к художественному исполнению «чихов». А потом уж и студентов своих учил чихать столько, сколько нужно для дела, и тогда, когда нужно*».)

«П о в а р. Книга моя «Вот как нужно готовить, господа» погибла.

Г е н р и х. Как! Когда?

П о в а р (шепотом). Когда пришла мода сжигать книги на площадях. В первые три дня сожгли все действительно опасные книги. А мода не прошла. Тогда начали жечь остальные книги без разбора. Теперь книг вовсе нет. Жгут солому».

Третьей ролью был П р е д с т а в и т е л ь и з н а р о д а, кричавший итоговую фразу спектакля, его конечную суть: «Папа, а король-то голый!» Таким и был финал спектакля.

«Голый король» стал одним из лучших спектаклей театра и украшал его репертуар на протяжении многих лет, пока не распался актерский ансамбль. «Актеры „Современника", — пишет лучший знаток театрального искусства страны А. Смелянский, — сыграли сказку Е. Шварца с отвагой канатоходцев, балансирующих над пропастью. Сказочный колорит не помешал им сохранить сходство министров, королей, официальных поэтов и придворных с совсем не сказочными советскими прототипами». «Голый король», по свидетельству Ефремова, пользовался успехом и у опальных партийных чиновников. В этом спектакле впервые в полной мере раскрылся незаурядный талант Евстигнеева: «Он попал на роль Короля, — вспоминал Олег Табаков, — и сразу занял то место, какое солнце занимает по отношению к другим планетам, вокруг него кружащимся. Он стал актерским солнцем нашего театра».

* * *

Необычными для столичной публики, для театральной общественности Советского Союза вообще, спектаклями «Голый король», «Третье желание», «Всегда в продаже» и «Баллада о невеселом кабачке» театр «Современник» набрал и мощные обороты, и высоту, до которой тогдашние драматические коллективы страны недотягивались даже теоретически. Но для самого молодежного коллектива требовались новые успехи и новые высоты. Однако движения «вперед и выше!» с некоторых пор не происходило. Над причиной «заторможенности» рассуждали театральные критики, многие лидеры «Современника». В том числе и Табаков, который больше других тяготился собственной творческой неудовлетворенностью: *«Я довольно часто засыпал тогда с чувством недоданных мне, как актеру, задач, ощущая в себе наличие куда больших возможностей по сравнению с тем, что мне предлагалось делать в театре».* Олег Павлович понимал и видел причины топтания коллектива на месте: полное отсутствие на сцене классики. Таких, к примеру, вещей, как «Смерть Тарелкина» Сухово-Кобылина или шекспировский «Ричарда III». Но Олег Ефремов, всегда относившийся к классике настороженно, никак не реагировал на остроту проблемы, не тяготился упущенными шансами и вообще вел себя по принципу известного шлягера: «Все хорошо, прекрасная маркиза». Постоянные терзания творческие, наметившееся непонимание с тезкой и учителем, плюс возникшие проблемы в семейной жизни привели Табакова к тяжелейшему инфаркту...

«Инфаркт поменял масштаб моих жизненных ценностей. То, что казалось значительным, оказалось менее значительным, а казавшееся маленьким в результате этого оказалось огромным. На больничной койке в мою двадцатидевятилетнюю голову приходили мысли, похожие на мысли Андрея Болконского, когда он лежал на Аустерлицком поле. Тяжелая болезнь, перенесенная в молодом возрасте, чрезвычайно способствует осознанию того, что ты, баловень на, казалось, бесконечно долго длящемся дне рождения, можешь уйти со сцены неожиданно и непланируемо. Главное, что я понял, выйдя из больницы: впредь я буду заниматься только тем, что сочту интересным и нужным. С тех пор так и живу. Долгое время у меня было такое ощущение, что я никогда не умру. В сочетании с моей философией фаталиста я думал, что в моей жизни абсолютно все события идут, как бы это сказать, только со знаком плюс, все круче и круче, по направлению ad astrum — к звездам, короче говоря. А тут жизнь вдруг так «крепко вдарила по моему одаренному лбу», как написал Аксенов, что все прежние мысли были по-

ставлены под сомнение. Но я этого не испугался. Ушел в работу с головой и через несколько месяцев после инфаркта отыграл премьеру».

* * *

Не уверен, что люди, больше меня понимающие, сведущие в течении и развитии отечественного театрального процесса, согласятся со следующим утверждением, но я все-таки его здесь обозначу. Так вот, из всех тех ролей, что сыграны Табаковым в театре «Современник», а это четыре с гаком десятка, — персонаж Александра Адуева из «Обыкновенной истории» — самая крупная, самая глубокая и самая патриотичная работа русского актера, который не себя видит в искусстве, а искусство в себе. И я даже не возьмусь внятно объяснить, почему так высоко ставлю именно эту роль моего героя. Может быть, потому, что Виктор Розов взял все лучшее из великого гончаровского, самого выдающегося, кстати, русского романа и усилил то лучшее своим уникальным талантом. Подобное в искусстве случается. Возьмите, к примеру, балетную «Кармен-сюиту», где музыку Жоржа Бизе специально оркестровал Родион Щедрин. Или вспомните творчество Григория Горина. Самые удачные его работы — это ведь литературные реминисценции уже известных произведений («Тот самый Мюнхгаузен», «Поминальная молитва», «Чума на оба ваши дома»).

Очень даже может быть, что успех спектакля обусловлен нестандартными режиссерскими поисками Галины Волчек. Идеей поставить «Обыкновенную историю» Галина Борисовна зажглась ведь одновременно с Олегом Павловичем. Более того, они оба пошли к Виктору Сергеевичу с намерением упасть в ноги писателю и смиренно просить: напишите для нас «Обыкновенную историю», точнее, адаптируйте ее для сцены. И услышали в ответ прочувствованное: «Милые вы мои, да я той историей с молодости болею. При поступлении в Литературный институт как раз ее и написал. Посмотрите. Что будет нужно для ваших замыслов — добавлю, с чем не согласны — уберу безжалостно. Для меня важно то, что вы мыслите со мной в одном направлении».

«Розов дал столько ролей, столько благодатного материала для нашего театра. На его пьесах сложились судьбы едва ли не трех поколений русских актеров. И не только русских. По сути дела, он — неоклассик. Я, скажем, не разделяю его сегодняшних политических убеждений, но это не мешает мне относиться к нему благодарно, нежно и даже влюбленно. В моей жизни он — первый драматург. Потому что Миша в «Вечно живых» — моя маленькая, но первая роль. Потому что настоящий зрительский успех, когда зрители признали и со временем не только стали провожать аплодисментами, но и встречать, начался для меня именно с его пьесы, с роли Олега Савина — первой главной роли на профессиональной сцене. Виктор Сергеевич Розов и дальше, на протяжении долгого отрезка моей жизни, был наиболее играемым, в «Современнике» во всяком случае, автором. Это были и «Вечно живые», и «В день свадьбы», где я плохо играл Василия Забо-

лотного, и «Традиционный сбор», в котором я совсем не был занят, и «С вечера до полудня», где я играл «отрицательного» научного работника по имени Лева. И конечно, это была «Обыкновенная история». Я даже затрудняюсь назвать более совершенную драматургическую работу из того жанра, который называется «инсценировками». «Обыкновенная история» стала для меня настоящей театральной классикой — столь высоко качество литературного произведения, сработанного Розовым. Целая жизнь прошла с Виктором Сергеевичем, так что наряду с Володиным он, конечно, один из главных моих кормильцев и поильцев. Я бы сказал так: эти два человека дали мне материал для того, чтобы я реализовал себя».

Работа над «Обыкновенной историей» началась где-то в 1964 году. Инфаркт Табакова прекратил ее на довольно приличный отрезок времени. Режиссеру за это время не единожды предлагали заменить Олега Павловича другим актером. И как минимум две такие замены можно было элементарно найти в коллективе. Однако Галина Борисовна наотрез отказалась от каких бы то ни было компромиссов: «Или моя «История» будет с Табаковым, или она вообще не состоится», — сказала, как отрезала. Это, конечно, был поступок нравственно чрезвычайно сильный. Особенно если учесть то обстоятельство, что как режиссер до сих пор Волчек самостоятельно поставила лишь один-единственный спектакль «Двое на качелях» У. Гибсона. Другой — «В день свадьбы» В. Розова — ставился совместно с О. Ефремовым. Из-за собственной строптивости Галина Борисовна очень многим рисковала. Ее могли запросто отлучить от режиссерской работы вообще. Но она настояла на своем и в конечном итоге победила. Прежде всего, потому, что явственно почувствовала сердцевинную суть спектакля и затем выстроила его последовательно и тонко в основном вокруг Александра Адуева, человека-идеалиста, максималиста, не умеющего защитить свою жизненную философию и свой душевный мир от обыкновенной пошлости или обыкновенных житейских передряг. В конце концов это привело его не просто к краху — к потере человеческой сущности. Когда в начале спектакля мы наблюдаем, как прагматик Петр Иванович поучает своего племянника, то думаем, что он — законченный циник. Ничего подобного. Как раз из племянника, глубоко усвоившего уроки цинизма, со временем получится монстр пострашнее дяди-учителя. Тот не пойдет по головам к тому, что полагает целью. Ученик пойдет, сметая все на своем пути. Хуже всего, что именно такие со временем станут переделывать мир...

«К своим личным заслугам в роли Адуева-младшего я отношу сюрреальность последнего выхода моего персонажа, когда в обличье, в платье, на теле этого человека, которому только что сопереживали, которого только что так любили и жалели зрители, происходят необратимые изменения, превращающие лицо ангелоподобного романтика в то самое кувшинное рыло. На сцене реально происходило качественное преображение, перерождение героя, что, по-моему, возможно только в виртуальной реальности. От последнего вы-

хода Адуева становилось больно, страшно, противно. Люди терялись: «Как же так?! Он же был хорошим, нежным, и вдруг — на тебе!» Такого результата я добивался, может быть, даже не всегда эстетически квалифицируя свои действия. Так же выразительно это показано и в телевизионной версии спектакля, сделанной Галей Волчек. Для меня роль Александра Адуева стала предупреждением всем этим олегам, славам, сережкам львовым, толям и другим замечательно чистым людям, начинающим свою жизнь прозрачно, пронзительно, светло, радостно и бескомпромиссно. Особых сложностей в работе над этой ролью я не испытывал. Да и вообще, я в своей профессиональной практике не могу вспомнить, чтобы они у меня когда-либо возникали. Сложности могут быть лишь с накоплением права на то, чтобы дерзать от первого лица. Можно пробуксовывать на месте или замедлить освоение материала, но никаких этих «Ах, вот как я мучился» у меня не бывало. Да ничего я не мучился! Работа для меня всегда есть радость, отчаянная веселая возможность еще и еще раз испытать себя».

«Обыкновенная история» стала громким событием театрального сезона 1966 года. Во многом и неожиданным событием. Достаточно отметить, что изначально роль дядюшки исполнял Кваша. Но по каким-то причинам материал его не вдохновлял, работа шла туго, и в конце концов Игорь Владимирович отказался от роли и она перешла к Михаилу Козакову. На предварительных обсуждениях очень многие даже благожелательно настроенные к «Современнику» коллеги тоже скептически отзывались об «Истории». Так, например, тонкий ценитель искусства актриса Людмила Гурченко напрямик высказалась: «Если честно, ребята, то, конечно же, ничего необыкновенного эта «Обыкновенная история» не принесет ни театру, ни Лелику Табакову». Однако произошло некое чудо. К тому времени уже заслуженный артист РСФСР, Олег Табаков мог ведь запросто сыграть Адуева профессионально, грамотно, гладко и — только. Но сыграл по факту просто феноменально. От душевного и физического напряжения он терял до килограмма в весе на каждом спектакле. Энергопоток от спектакля шел в зрительный зал невероятный. И так происходило не только в столице, но и во многих других городах страны и даже за рубежом.

По итогам 1967 года за спектакль «Обыкновенная история» И. А. Гончарова, поставленный на сцене МДТ «Современник», была присвоена Государственная премия СССР Розову Виктору Сергеевичу, автору инсценировки; Волчек Галине Борисовне (Беровне), режиссеру; Козакову Михаилу Михайловичу, исполнителю роли Петра Ивановича Адуева, и Табакову Олегу Павловичу, исполнителю роли Александра Федоровича Адуева.

«Пьеса, написанная Виктором Сергеевичем давным-давно, не потеряла ни грана актуальности своей и сегодня, когда много лет подряд я играю в подвале на Чаплыгина уже не Александра, а Петра Ивановича Адуева, вновь поражаясь тому альянсу, который возникает у нас со зрительным залом. Это взаимопонимание — свидетельство того, что человечество в своем развитии движется по спирали и, таким образом,

проблематика время от времени становится поразительно сходной: полагаю, что и в третьем тысячелетии это будет никак не менее актуально. Чужой опыт никого не убеждает, и «Обыкновенная история», случающаяся с людьми, не умеющими отстаивать свои убеждения, достаточно регулярно повторяется. В «Табакерке» я поставил эту пьесу именно по такой причине. По сути дела, я играю в пьесе «Обыкновенная история» в общей сложности более тридцати лет. Кроме «Учителя танцев», где Владимир Зельдин играл тридцать девять лет подряд, кроме «Аленького цветочка» и «Синей птицы», на московских афишах так долго другие названия не задерживались. Такова необыкновенная история «Обыкновенной истории».

* * *

В 1963 году «Современник» набрал первую студию в Школе-студии МХАТ. Однако сделано это было без должной ответственности. Итоги такого педагогического пофигизма стали особенно видны к завершению обучения молодых актеров. Спасать положение делегировали коренников театра — Виктора Сергачева, Галину Волчек, Милу Иванову и Олега Табакова. Последний добровольно взялся за постановку дипломного спектакля по пьесе Гоголя «Женитьба». Работа получилась в итоге свободной, раскованной, в отдельных элементах даже и дерзкой. Ну что вы хотите, если композитор Борис Рачков использовал для музыкального оформления современную запись «Калинки-малинки». А тетку Агафьи играл выпускник Павел Иванов.

Помните, читатель, диалог «ведущего» — Эраст Гарин и «ведомого» — Юрий Медведев — критиков театра «Колумб» из фильма Леонида Гайдая «12 стульев»: «Великолепная находка! Вроде бы песня ни при чем, а какой большой смысл!» («Глубоко... копает...» — почтительно поддакивает «ведомый» критик.) «Ведущий» продолжает: «Гениальная находка! Мятущаяся интеллигенция среди народа... Великолепный символ! Отрыв от народа — и падение!» («Глубоко...» — откликается «ведомый»). Вот то же самое критики могли бы повторять, глядя на табаковскую постановку. Олег Павлович всю свою жизнь преклоняется перед «великим и ужасным» хохлом Гоголем. И потому его «Женитьба» имела бурный успех у зрителей. Однако на традиционных ночных бдениях в «Современнике» ее дружно «забодали» — то есть в репертуар не взяли. В принципе и понятно, почему не взяли. Слишком инородным телом выглядел бы этот спектакль в канве методологии тогдашнего «Современника». В понимании Ефремова «Женитьба» Табакова вообще представляла из себя хулиганскую выходку. Чрезвычайно терпеливый Олег Павлович, и об этом я не устану повторять, на сей раз дал волю чувствам, громко хлопнув дверью после обсуждения. Пошел в ЦК ВЛКСМ, выправил себе и своим ученикам комсомольскую путевку, и они поехали «солнцем палимые» по бескрайним просторам Сибири: Иркутск, Ангарск, Братск, сибирское Усолье.

Почему я столь подробно описываю это далеко не определяющее театральное событие в биографии моего героя? А все дело в том, что именно на конец 60-х, если точнее, то на 1969 год приходится существенное охлаждение взаимоотношений Табакова с его другом и учителем Ефремовым. Впоследствии сам Олег Павлович не раз будет утверждать, что по большому счету у него никогда и не случалось стычек и ссор с Олегом Николаевичем. Увы, были. И наметились они как раз в упомянутом году. Сюда, к сожалению, злая молва приплела и якобы случайную любовную связь Ефремова с женой Табакова. Как бы там ни было, но почти за два года Олег Павлович получил всего лишь одну роль Татарина, которую для него «вырвала» Волчек в спектакле «На дне». Раньше в нескольких спектаклях он исполнял по три роли, а тут — такой «карантин». Режиссер Владимир Салюк написал по этому поводу эпиграмму: «Табаков сыграл Татарина,/ Это вроде нам подарено./ Не игра, а происшествие,/ Вновь вершина у горы./ Ждите нового нашествия/ После этакой игры».

* * *

Деятельная и активная натура Табакова не мирилась с вынужденным театральным простоем. За обозначенный отрезок времени он сыграл в картинах: «Гори, гори, моя звезда!», «Король-олень», «Штрихи к портрету В. И. Ленина», «Король манежа», «Тайна железной двери», «Сердце России», «Пес, сметана и труба», «Случай с Полыниным». Со своим другом, режиссером Владимиром Храмовым, придумал и записал на телевидении «Конька-Горбунка» и «Василия Теркина» — моноспектакли, где Олег Павлович читал Ершова и Твардовского.

(Два замечания по касательной. Первое. Давно ушедший из жизни Владимир Храмов принадлежит к самому близкому кругу друзей Табакова. Еще в этот круг входили: Гарик Леонтьев, Владимир Глаголев, Вячеслав Нефедов, Михаил Свердлов, Юрий Гольдман, Мара и Зорик Городецкие, Марик Кауфман, Сергей Дистергоф, Анна и Валентин Строяковские, Юрий Филиппов, Анатолий Павлов, Виталий Мащицкий, Сергей Глинка.

Второе. К означенному периоду относится самая известная эпиграмма Валентина Гафта: «Чеканна поступь, речь тверда/ У Лелика, у Табакова./ Горит, горит его звезда/ На пиджаке у Михалкова». За что автор получил достойный ответ от классика детской литературы: «Валя, когда пишешь эпиграмму, то не рой другому яму».)

* * *

1970 год оказался для «Современника» — самым бурным, трудным и, я бы даже сказал, революционным. Ушел во МХАТ Ефремов. Не по собственной воле, или, скажем так, не с особо горячим желанием, а для того, чтобы спасти главный драматический театр страны. Там с 1955 года действовало так называемое «коллективное руководство», приведшее в итоге коллектив к полному упадку. 7 сентября 1970 года министр культуры Е. Фурцева официально представила Ефремова труппе МХАТа. Но перед этим Олег Николаевич пригласил всю труппу «Современника» последовать за ним. Это было мало сказать формальное, но и еще непродуманное, крайне невзвешенное предложение. Труппа МХАТа в то время насчитывала свыше 130 актеров. Приплюсовать к ним еще 30 из «Современника» и что делать с этим артистическим батальоном, не знал никто. Хуже всего — не знал сам Ефремов. Кто-то из коллег ему заметил: «Олег Николаевич, если мы добавим немного меда в бочку с дерьмом, то мед в результате исчезнет, а дерьмо все равно останется. Так что я за вами не пойду». И «Современник» в полном составе отказался следовать за своим многолетним лидером. Осиротевшему коллективу предстояло как минимум выжить.

«Я отказался. Отказался и Женя Евстигнеев. Думаю, что на решение остальных артистов «Современника» не идти за Ефремовым во МХАТ повлияла наша с Евстигнеевым позиция. И надо было срочно что-то делать, действовать, предпринимать, чтобы «Современник» выжил. Тогда я решил стать директором театра. Не сам себя предложил, а согласился на предложение — если бы этого не было, вряд ли бы я решился самостоятельно принести себя на заклание. Для чего? Чтобы и самому себе, и Олегу Николаевичу доказать, что мы способны жить дальше и без него. Вопрос был не в том, что мы сможем жить лучше без Ефремова, а в том, как мы сможем сохранить театр. Что, собственно, и было сделано с большей или меньшей мерой художественной убедительности. Решение мое было достаточно неожиданным: преуспевающий актер, «не вылезающий» из кино, один из ведущих актеров театра. А что такое директор? Это человек, который дол-

жен ублажать труппу... Я был тогда этаким «любимцем партии и народа». Как написал Гейдар Алиев, когда мы были на гастролях в Баку: «Я не знал, Олег Табаков, любимец партии, народа, что обаятелен таков, что помнить Вас мы будем годы». И зачитал это на роскошном приеме у первого секретаря ЦК партии Азербайджана, который одной бровью давал сигнал, чтобы пел соловей Рашид Бейбутов, а когда какая-то народная артистка заартачилась, он поднял вторую бровь, и она заголосила...

Итак, директорство меня не пугало. Уже был привычный опыт общественной работы, которую я вел с первого дня жизни в театре. Перед тем как утвердить меня в должности, меня пригласили в горком партии и начали со мной беседовать, вроде того, не наследую ли я театр. Я объяснил, что наследовать театр не могу, поскольку у меня практически нет режиссерских работ — к тому времени я поставил только «странный» спектакль «Белоснежка и семь гномов», да и то выпускал его Олег Николаевич — и что я решил стать директором «Современника», а не главным режиссером. Серьезного отношения к моему назначению у моих коллег не было. «Лелик — директор? Ну, во-первых, он мудак, что согласился. Он же один из первых артистов, а первых артистов надо холить, лелеять, соблазнять ролями, званиями поощрять, квартирами. А он взял и нахлобучил на себя эти обязанности. Зачем ему это нужно?» Другие восклицали: «Как это?! — один из нас в одночасье становится главным?» Для людей актерского цеха коллега-директор — нечто весьма неприличное и странное. И в то же время, если спо-

койно взглянуть на то же самое явление с точки зрения фактов, то надо сказать, что шесть с половиной лет моего директорства были для «Современника» не самой худшей порой. Ничего экстраординарного или сверхъестественного я не делал, просто был нормальным интеллигентным человеком, который согласился быть «ассенизатором и водовозом» в уготованной театру щекотливой ситуации. И, как мне кажется, успел сделать немало».

* * * *

Еще не сев в директорское кресло, Табаков в который раз серьезно повздорил с Ефремовым. Произошла следующая ситуация. Обязанности главного режиссера решила взять на себя художественная коллегия в составе: Евстигнеев, Табаков, Волчек, Кваша, Толмачева и Мягков. На ее первое заседание пришел Олег Николаевич и с порога заявил, что, дескать, вы тут играете в коллегиальное руководство, а Лелик Табаков уже дал согласие сесть на мое место. Олег Павлович снова вспылил и потребовал извинений. Когда с помощью горкома партии разобрались в конфликте, оказалось, что прав Табаков и не прав Ефремов. Но его слово уже было молвлено и полетело во все театральные уши. «Как! Лелик, кроме директорского кресла хочет еще сесть и в кресло художественного руководителя? Ах, он наглец этакий!»

Ситуация еще больше усугубилась после того, как Евстигнеев, шумно проагитировав вместе с другом Леликом за автономию, спустя какое-то время тихо, но шустро свалил во МХАТ. В заявлении написал, что всегда, мол, мечтал сыграть роль вождя мирового пролетариата Владимира Ильича Ленина, а в «Современнике» этого бы никогда не случилось (?!). Это циничная и одновременно очень лукавая ложь, на которую всегда был горазд Евстигнеев. Он никогда не отличался морально взвешенными и нравственно выверенными поступками. Знаю отлично, что Олег Павлович не согласится с подобной оценкой. Даже несмотря на то, что многажды получал от друга Жени большие и малые подлянки, он все ему прощал за его удивительный талант. И я с последним горячо солидарен — актер Евстигнеев действительно фантастический. Тем не менее замечу: несколько раз сталкиваясь с потрясающей необязательностью Евгения Александровича, я сделал вывод о том, что он — веселый циник и пофигист. Сегодня сидим с ним за рюмкой, и мне обещаются золотые горы, а завтра может даже не ответить на приветствие.

С Ефремовым в итоге ушли: Козаков, Калягин, Сергачев, Евстигнеев. Если бы к этому квартету присоединился еще и Табаков, «Современник» можно было бы закрывать на большой амбарный замок. При всем моем глубочайшем уважении ко всем оставшимся актерам. Скажу даже больше. Если бы театр покинули только Евстигнеев и Табаков, он бы тоже долго не протянул. Эти два актера, два закадычных друга представляли из себя некий удивительный театральный Тянитолкай, способный вытягивать и толкать все, что на них взваливали.

Некоторое время художественная коллегия заменяла в «Современнике» художественного руководителя. Или демонстрировала видимость такой замены. О том, что повторяется бездарный опыт «головной конторы МХАТа», никто старался не вспоминать. Но Табаков со своим обостренным чутьем психологии всякого коллектива, а театрального в особенности, очень быстро понял то, что для многих так и осталось за семью печатями: артисты, если они настоящие лицедеи, а не случайные люди на сцене, никем и ничем руководить не должны. Это им просто противопоказано. Это другая ипостась. И в течение года благополучно распустил «кувырк коллегию». И стал тихой сапой пробивать на должность режиссера-худрука ученицу Ефремова, человека, уже доказавшего свое умение ставить спектакли, — Галину Борисовну Волчек. Поначалу «во всевозможных инстанциях» к его намерениям относились, как к глупой и несбыточной блажи. Чиновники разных мастей и калибров твердили Табакову примерно одни и те же «аргументы». Женщина. Еврейка. Не член партии. Да и просто незрелый идеологический элемент. И Олег Павлович каждому такому скептику включал елейный голос кота Матроскина. Да, женщина, но умеет быть властной, умеет руководить себе подобными. Да, еврейка. Только в театральном мире это не самый большой недостаток. А что не член партии, так и Сергей Образцов не член. Однако ж руководит театром кукол. Что же касается идеологических моментов, так дружный коллектив театра поможет ей обрести надлежащую идеологическую подготовку.

Понятно, что я тут немножко утрирую. Но только для того, чтобы вам, читатель, стало ясно, в каких жестких условиях тогдашних властных и партийных структур приходилось действовать моему герою. И тем не менее он вел корабль театра в узком идеологическом фарватере твердой рукой капитана. Даже когда добился назначения Галины Волчек на должность художественного руководителя. Случилось это в 1972 году.

«Спустя двадцать лет до меня донеслось, что тогдашний зав. сектором театра отдела культуры ЦК Глеб Щипалин — человек вполне нормальный, не хуже и не лучше многих чиновников, руководивших нами, сказал Галине Борисовне, что единственным, кто был против ее назначения, был Олег Табаков. Зачем он так поступил — не знаю, может быть, чтобы разделять и властвовать. Но Галя — достаточно разумный человек, она наверняка поняла, что если бы директор был против, ее никогда бы не назначили. Если не поняла — жаль, что отравленная стрела так точно попала в цель. Мы никогда не говорили с ней об этом. История наших взаимоотношений с Галей Волчек очень поучительна, потому что немало людей приняли целенаправленное участие в том, чтобы развести нас. Допускаю также, что это входило в расчеты и кого-то из моих товарищей. Но такие вещи надо свидетельствовать. Безусловно, наши взаимоотношения омрачились, но не до такой степени, чтобы мы стали делать друг другу гадости. Это было невероятное испытание, которое устроила нам с Галей жизнь, но наши симпатии друг к другу оказались сильнее всех сплетен и подозрений. Галина Борисовна стала главным режиссером, а я оставался директором «Современника». Я много играл и в ее спектаклях, и в других. Многое нам приходилось пробивать вместе».

* * *

Шестилетняя деятельность Олега Табакова на посту директора театра «Современник», это одновременно и серьезное обновление труппы, репертуара. В театр пришла целая когорта молодых людей: Валерий Фокин, Константин Райкин, Марина Неелова, Владимир Поглазов, Борис Сморчков, Юрий Богатырев, Иосиф Райхельгауз. Молодежь эта заявила о себе стремительно и мощно в первые же два-три года. Фокин поставил спектакли «Валентин и Валентина» по пьесе Рощина, потом «Провинциальные анекдоты» Вампилова, потом свой знаменитый студийный спектакль по Достоевскому «Сон смешного человека» — «Записки из подполья». Обо всех этих работах восторженно заговорила театральная общественность столицы. Блестяще играли там Райкин, Елена Коренева, Гарик Леонтьев, другие. Если говорить о методологии воспроизведения живого человеческого духа, это был один из самых высоких ее образцов. Затем опять же Фокин поставил «Не стреляйте в белых лебедей», «С любимыми не расставайтесь». Ему Табаков вообще сильно благоволил. Впрочем, не только ему.

Олег Павлович решительно приглашал к сотрудничеству известнейших режиссеров и литераторов, приносивших с собой свежие идеи и дающих все новые толчки для развития серьезно забуксовавшего театра. К примеру, спектакль «Тоот, другие и майор» ставили известные кинорежиссеры Александр Алов и Владимир Наумов. Эту работу отметили на венгерском фестивале. Мой герой, кстати, там сыграл весьма эксцентрическую роль Майора.

Георгий Товстоногов подарил театру спектакль «Балалайкин и K°» по «Современной идиллии» Салтыкова-Щедрина. Причем литературно и драматургически «облагораживал» пьесу классик детской литературы Сергей Михалков. За роль Балалайкина Табаков получил большую порцию лавров и зрительского одобрения.

А вот каким сложным и кружным путем в «Современник» попала пьеса американского драматурга Дэвида Рэйба «Как брат брату», в оригинале называвшаяся «Sticks and bones» — «Палки и кости». Тяжелая директорская судьба забросила Табакова в отсталую страну Америку. Там «красный директор» познакомился с Джо Паппом, человеком, прямо скажем, уникальным, крупнейшим театральным деятелем даже для США. Папп продюсировал несколько бродвейских мюзиклов-шлягеров, среди которых «Корус Лайн» и «Иисус Христос — суперзвезда». Денег на этих забойных вещах собирал немерено и устраивал Шекспировские фестивали в Центральном парке. Причем многие давал бесплатно. Такая акция существенно оздоровляла американскую театральную жизнь. К слову, после Паппа ничего подобного в Штатах больше не делается. Так вот этому чудаку Джо Паппу так понравился русский Ольег, что он подарил ему пьесу. Само собой, что идеологические церберы с ходу оценили ее как «дар данайца» и стали категорически против постановки. Однако хитрый Табаков ловко усмирил церберов: «Ну хорошо, — сказал, — я сообщу Екатерине Алексеевне Фурцевой, что работа ее зятя-переводчика пойдет псу под хвост». И те сдались. Поставить «Как брат брату» пригласили Анджея Вайду. Работа по факту получилась не очень впечатляющей, хотя главные герои в исполнении Игоря Кваши и Олега Табакова старались изо всех сил. Зато оба они получили несказанное удовольствие от содружества с великолепным Вайдой.

Очень большой успех выпал и спектаклю «Двенадцатая ночь». На его постановку Табаков, бывший тогда вице-президентом комитета «Театр и молодежь» Международного института театра, пригласил Питера Джеймса. А оригинальный перевод шекспировской пьесы сделал Давид Самойлов — большой друг «Современника». Есть телеверсия этого спектакля, и ее можно увидеть по Интернету.

Доброе слово в этом месте следует сказать и о заведующей литературной частью Елизавете Исааковне Котовой. Это в современных театрах не знают, кто такой завлит, а во времена, о которых речь, именно они, завлиты, в поте лица добывали для театра пьесы. Ибо если бы не титанические усилия той же Котовой, то зритель никогда бы не увидел, скажем, «Доктора Штокмана» в постановке Иона Унгуряну, других спектаклей.

Вне всякого сомнения, шестилетний период директорства Табакова стал солидным и очевидным рывком «Современника» прежде всего в репертуарной и постановочной политике. После откровенно слабых, если даже не кризисных, спектаклей «Чайка» в постановке В. Салюка и «С вечера до полудня» Л. Ванштейна коллектив вновь набрал приличествующую ему высоту.

Пишу об этом с явным акцентом еще и потому, что в нынешнем «Современнике» как-то не принято отдавать должное временам директорства моего героя.

А принято, наоборот, утверждать, что «Галине Борисовне Волчек театр достался непосредственно из рук основателя и фундатора Олега Николаевича Ефремова». Нет, дорогие мои, как любит говорить «мама «Аншлага». Сначала был Ефремов. Потом год был Табаков и при нем анемичный худсовет. Затем следуют шесть лет творческого тандема Табаков—Волчек. И лишь после этого тандема Волчек осталась одна.

«Я не преувеличиваю собственного значения, но думаю, что если бы я не встал тогда у кормила, неизвестно, как сложилась бы дальнейшая судьба театра. Вот и все. А Галю Волчек я люблю по-прежнему. Она остается для меня одним из очень важных людей в моей театральной жизни. И не забываю ее самоотверженный поступок, когда она верно и беззаветно ждала меня после моего инфаркта для того, чтобы выпустить спектакль «Обыкновенная история». На очередной Галин юбилей я пришел к ней в комнату. Я выпил и закусил за ее здоровье. Потом очень долго с ней говорили. Долго и хорошо. Вот такая она, жизнь...».

* * *

Семьдесят третий год для Табакова стал во многом необычным, а в творческой биографии так и просто переломным. Хотя видимых причин для революционных, императивных изменений не наблюдалось никаких. Олег Павлович был во всех отношениях преуспевающий актер и не менее удачлив как руководитель одного из самых популярных столичных театров. Культурная общественность видела в нем прямого наследника народного артиста СССР, Героя Социалистического Труда, лауреата множества различных премий и наград Михаила Ивановича Царева, который успешно совмещал игру в Малом театре, директорство в нем же с одновременным руководством Всероссийским театральным обществом. Утверждаю это с полной ответственностью потому, что спустя несколько лет был избран членом бюро этой уважаемой общественной структуры и затем переизбирался в продолжение двадцати пяти лет. За это время успел, как говорится, изучить всю кухню этой могущественной и влиятельной творческой организации. ВТО в тот период объединяло около 25 тысяч работников театров РСФСР. В столицах автономных республик, краевых и областных центрах имело 72 отделения. ВТО занималось всеми жанрами театрального искусства. Оказывало творческую помощь профессиональным и самодеятельным театральным коллективам в формировании репертуара, в повышении идейного и художественного качества спектаклей. Для этого регулярно проводились творческие конференции, семинары, обсуждения спектаклей, изучался и пропагандировался опыт выдающихся мастеров. ВТО также издавало книги по театру, по искусству вообще. Кроме того, объединение поддерживало творческие связи с союзами артистов братских республик, социалистических и других стран, сотрудничало с международными прогрессивными театральными организациями. С 1917 по 1964 год ВТО возглавляла А. А. Яблочкина, с 1964-го — М. И. Царев. Табакову все прочили следующее владение Всероссийским театральным обществом. Кроме всего прочего, против подобной «передачи власти» не возражал и сам Михаил Царев. Он, кстати, предложил Олегу Павловичу ангажемент в Малом театре, начиная от роли Чацкого и кончая многими другими. Табаков предложение не принял. У него были уже свои соображения...

Табаков не просто чувствовал, а определенно точно знал, что овладел своей профессией, своим ремеслом очень прочно. Настолько уверенно, что уже может без риска ошибаться передавать его из рук в руки, грубо говоря, продлевать себя в учениках. Такая созидательная мудрость есть удел только мудрых мастеров, которые тем и отличаются от простых ремесленников, что их всегда заботит будущее их профессии. А Табаков безо всякого преувеличения тогда ощущал и тревогу, и заботу о будущем отечественного театра, как бы сие утверждение ни казалось кому-то по нынешним временам выспренним и высокопарным.

Глубокой осенью семьдесят третьего он собрал в своем небольшом кабинете молодых актеров «Современника» и повел с ними речь о том, что театр наш, братцы, уже исчерпал энергетический запас, данный одному поколению. «Требуется продолжение рода, рождение новых театральных детей». «Современник» нужно обновлять просто потому, что всякий творческий коллектив нуждается в подобных обновлениях через каждые 7—10 лет. Тут могут быть колебания в сторону уменьшения термина или же его увеличения, но такая тактика — закон всякого движения и развития. Не считаться с этой закономерностью — значит отстать навсегда.

Новый, 1974 год Табаков и его молодые сторонники встретили в доме отдыха Рузы. К ним присоединились Валерий Фокин, Андрей Дрознин, Константин Райкин, Авангард Леонтьев, Иосиф Райхельгауз, Владимир Поглазов, Сергей Сазонтьев. Олег Павлович «держал тронную речь», в основе которой, если совсем уж откровенно, лежал авантюрный и где-то даже легкомысленный план по созданию нового театра через подготовку совершенно юных актеров-школьников. Однако собравшиеся всецело разделили заботы и устремления Табакова. И горячо вызвались участвовать в их реализации. Для начала все отправились в столичные школы развешивать там листочки-объявления, в которых говорилось примерно следующее: кто хочет стать артистом — приходите туда-то и туда для прослушивания. К концу весны Табаков и К° прослушали около четырех тысяч школьников четырнадцати-пятнадцатилетнего возраста. Отобрали 49 человек. Занимались во Дворце пионеров имени Крупской по улице Стопани. Чрезвычайно большую помощь тогда подопечным Табакова оказала директор Дворца — Зоя Павловна Бойко. По существу, она была одним из главных фундаторов — основателей будущего театра, который со временем появится в подвале на улице Чаплыгина.

Формально занятия по драматическому искусству представляли собой некий вариант драмкружка. Однако уровень притязаний его был чрезвычайно высоким. Разработанная Табаковым и его помощниками программа вмещала дисциплин не меньше, чем в Школе-студии. Ребятам читались лекции по истории мирового искусства, по истории русского театра. Отдельно они занимались танцем, актерским мастерством. Пластику и сценические движения преподавал Андрей Борисович Дрознин, который нынче является едва ли не самым крупным в мире специалистом по пластической выразительности актерского тела. Привлекались все ведущие актеры «Современника». Занятия проводились три-четыре раза в неделю по несколько часов каждое. Занимались ребята с удовольствием, как обычно и занимаются романтики-студийцы. Спустя два года из сорока девяти человек осталось восемь. Табаков отчислял бесперспективных безжалостно. Однако у него была своя правда: учил ребят не просто так, не отвлеченно, а для того, чтобы играть с ними в последующем на одной сцене.

Курс окончили: Наталья Лебедева, Игорь Нефедов, Лариса Кузнецова, Марина Овчинникова, Виктор Никитин, Алексей Якубов, Ольга Топилина и Кирилл Панченко. В 1976 году Табаков набрал курс из двадцати шести студентов на базе ГИТИСа. В числе студентов были выпускники драмкружка, а также Сергей Газаров, Василий Мищенко, Алексей Селиверстов, Елена Майорова, Александр Марин, Михаил Хомяков, Марина Шиманская, Андрей Смоляков.

«Мое поведение в те времена было странным и малопонятным для окружающих. Люди попроще говорили: «с жиру бесится». Другого определения не находили. Я же твердо верил в то, что для того, чтобы «Современник», несмотря на все наши усилия, все-таки находившийся в кризисной ситуации, мог дальше развиваться полноценно, я просто обязан привести

в театр новое поколение, хотя никто меня не просил и не уполномочивал делать это. Но моя профессиональная и человеческая потребность никакого энтузиазма у моих товарищей не вызвала. Одни отнеслись к этому как к очередной блажи, а другие расценили, что Табакову это нужно только для того, чтобы спать со студентками».

* * *

Подвал на улице Чаплыгина в далекие годы прошлого столетия представлял собой самый обыкновенный угольный склад. На него Табакова случайно навел начальник ремонтно-строительного управления Бауманского района Юлий Львович Гольцман. Он, кстати, помог привести помещение в божеский вид. Ибо в начальном своем состоянии оно представляло жалкое зрелище. Всюду лежали пласты угольной пыли, густо утыканные пирамидками дерьма алкашей и бомжей. Выгребали это «содержимое» будущие актеры во главе со своим предводителем Олегом Павловичем. Осенью 1977 года подвал на Чаплыгина стал маленьким театром. Из 26 учащихся в подвале остались 14. Плюс Андрей Смоляков, которого Табаков сманил из Щукинского училища. И ровно через год состоялась премьера спектакля по пьесе Алексея Казанцева «С весной я вернусь к тебе» в постановке Валерия Фокина. Затем сам Табаков поставил пьесу Александра Володина «Две стрелы» — психологический детектив из жизни каменного века. Следующая работа — «Прощай, Маугли!» со стихами-зонгами Григория Гурвича — целиком детище Константина Райкина и Андрея Дрознина. *«Маугли» во многом обогнал время. Даже сейчас, спустя двадцать лет, я нигде не видел ничего подобного — таким истовым был способ существования в предлагаемых обстоятельствах. Единственная запись «Маугли» осталась на телевизионной студии в Венгрии, в городе Дебрецене. На родине возможности фиксировать спектакли на пленку не было».*

В последующие годы Табаков поставил несколько спектаклей подряд — то была его личная болдинская осень. Ведь до сих пор Олег Павлович не сильно утруждал себя режиссурой, полагая ее все же эксклюзивной специальностью, которая не каждому по плечу и которой надо отдаваться всецело, без отвлечений на различные другие заботы и нужды. Ему режиссура оказалась по плечу. Жаль, что с большим запозданием. И все равно в «Подвале» Табаков создал «Белоснежку и семь гномов». Спектакль этот его ребята играли на сцене «Современника» два сезона кряду. Работа мастера «Страсти по Варваре» (пьеса Ольги Кучкиной) положила начало московской моде называть пьесы словами «страсти по...». В семидесятых годах Олег Павлович ставил в Англии в Шеффилдском театре «Крусибл» гоголевского «Ревизора». Тогда же британский драматург Барри Кииф подарил ему свою пьесу «Прищучил». В «Подвале» над ней начинал работать Константин Райкин, но на сцену выпускал ее все же Табаков. Спустя десятилетия одну из версий пьесы «Прищучил» Олег Павлович поставил как дипломный спектакль Театральной академии, так называемого «Макс Рейнхардт семинара», в Вене. Как раз в то время крошечный Павел Табаков, самый младший, учился ходить по венским газонам. Как читатель понимает, Табаков, самый старший, уже был женат вторично. Как все же быстро летит время!..

* * *

Эту одну из последних главок свободно можно было бы озаглавить: «Страсти по «Табакерке». Новое всегда пробивает себе дорогу трудно. Ибо еще в 1980 году первый секретарь МГК партии Виктор Гришин запретил студии собираться и показывать спектакли. Табакову запретили преподавать в течение года. Причина — идеологически неверное прочтение образа Павла Корчагина в одной из постановок. «Табаковцы» разошлись по разным театрам. Однако продолжали собираться в «Табакерке» по ночам. Репетировали и даже выпустили несколько премьер. В 1982 году Олег Павлович набрал новый актерский курс. Впоследствии это будет костяк труппы театра: Марина Зудина, Надежда Тимохина, Галина Чурилова, Сергей Беляев, Алексей Серебряков, Сергей Шкаликов, Александр Мохов, Евдокия Германова. В 1986 году Министерство культуры разрешило театр-студию под руководством Олега Табакова. Официально «Табакерка» открылась 1 марта 1987 года спектаклем «Кресло» по повести Юрия Полякова «ЧП районного масштаба».

В 1989 году Мосгорисполком передал «Табакерке» несколько зданий по Спартаковской улице для обустройства в них театра. Однако строительство не началось. Зимой 1997 года Правительство Москвы постановило строить многофункциональный комплекс по Фурманному переулку. Грянул дефолт. К проекту вернулись лишь в 2001 году. Мэрия перенесла стройку на Триумфальную площадь. Через два года выяснилось, что строительство слишком дорого и потому нецелесообразно. Строительство перенесли на Сухаревскую площадь. В 2007 году актеры труппы заложили памятную капсулу со своими автографами и фотографиями, а также с посланием будущим поколениям. Через два года стройку законсервировали. И лишь в 2016 году здание многофункционального центра было завершено. Это — разноэтажная постройка (5–11 этажей) с тремя подземными уровнями. «Табакерка» занимает площадь 5000 м².

«Почти 20 лет, в течение которых строилась эта сцена, я ждал исполнения своей мечты, которая, к счастью, реализовалась».

Краткое перечисление других творческих инициатив и начинаний Олега Павловича Табакова

В 2000 году он возглавил Московский Художественный театр им. А. П. Чехова, взяв курс на полное обновление репертуара, привлечение в театр передовых отечественных режиссеров (К. Серебренникова, Е. Писарева, М. Брусникиной, А. Шапиро, К. Богомолова, В. Петрова, Ю. Бутусова, С. Женовача, В. Рыжакова) и новых авторов. По его приглашению в труппу театра вошли Ольга Яковлева, Авангард Леонтьев, Алла Покровская, Валерий Хлевинский, Борис Плотников, Константин Хабенский, Михаил Пореченков, Михаил Трухин, Марина Голуб, Анатолий Белый, Владимир Краснов, Сергей Сосновский, Дмитрий Назаров, Николай Чиндяйкин, Алексей Кравченко, Дарья Мороз, Дмитрий Дюжев, Ирина Пегова, Юрий Чурсин, Максим Матвеев.

Новации Табакова и здесь оказались сродни революционным. Если в так называемые «лихие ельцинские времена» заполняемость зала редко превышала 40%, то сегодня она равняется 98%. В дни предварительной продажи билетов в кассы театра всегда выстраиваются огромные очереди. Просто так во МХАТ теперь не попасть. Здесь открыта третья — Новая — сцена, предназначенная исключительно для экспериментальных постановок. Она расположена в соседнем с театром здании — Камергерский переулок, 3-а. По инициативе Табакова проведена крупномасштабная реконструкция Основной сцены. И сегодня МХАТ — один из самых технически оснащенных театров мира. Перед зданием театра в Камергерском переулке — и это опять-таки инициатива Табакова — открыт памятник основателям МХТ В. И. Немировичу-Данченко и К. С. Станиславскому (скульптор и архитектор Алексей Морозов). Начато строительство филиала МХТ на пересечении проспекта Андропова и Нагатинской улицы (станция метро «Коломенская»).

В 2007 году по настоянию Олега Павловича возле сцены на Чистых прудах установлена скульптурная композиция из бронзовых фигур «Драматурги» в честь драматургов Александра Володина, Александра Вампилова и Виктора Розова. Авторы композиции — ректор Санкт-Петербургской академии художеств Альберт Чаркин и директор музея-заповедника «Царское Село» Иван Сайтов.

Сегодня благодаря Олегу Табакову действует сцена на Чистых прудах. Зрительный зал рассчитан на 114 мест. Еще одна сцена на Сухаревской. Здесь зрительный зал театра вмещает 400 мест. В нем установлена система виртуальной акустики помещения, которая создает «эффект присутствия», погружая зрителей в акустическую атмосферу действия спектакля. Площадка оборудована системой барабанного круга с кольцом, люками-провалами, тремя встроенными подъемно-опускными плунжерами, механизмом трансформации планшета сцены, за счет которого она может увеличиваться в глубину на 4,5 метра, обеспечивая появление авансцены путем опускания первых четырех рядов в трюм, комплексом верхней механики (электромеханические беспротивовесные декорационные и точечные подъемы, софитный мост, софитные фермы).

Художественно-производственный комбинат производит декорации, бутафорию, мебель и различную рекламную продукцию как для самой «Табакерки», так и для других театров, находящихся под эгидой Табакова. В состав комбината входят слесарно-сварочный, бутафорский цеха, цех высокотехнологичной печати и электроцех.

В 2008 году правительство Москвы приняло решение о создании театрального колледжа под руководством Олега Табакова. Школа открылась через год в доме 20 по улице Чаплыгина. Московский театральный колледж при ГБУ культуры Москвы «Московский театр под руководством Олега Табакова» представляет собой колледж-пансионат и дает среднее профессиональное образование. Финансирует необычное учебное заведение — своеобразный театральный лицей — столичное правительство. В колледже не учатся за деньги. Ежегодно набираются 24 учащихся 14–15 лет, окончившие 9 классов. Для этого педагоги театра ездят по городам России и устраивают кастинги. Школа обеспечивает учеников питанием и проживанием. Общая площадь здания школы — 2608,5 м². В нем — спальни (по 2–3 человека в комнате), столовая, прачечная, комнаты для самостоятельной работы, библиотека, административные и учебные помещения, музыкальные и классы, балетный зал, учебный театр на 72 места, гримерные и костюмерные, комнаты отдыха, медицинский кабинет.

«Но воспитание артистов происходит не только на сцене. Лично я в «Табакерке» начал с... сортира. Обыкновенного нашего подвального сортира, которым пользовались не только артисты, но и зрители. Несколько дней подряд я, а затем Гарик Леонтьев драили его, дабы показать студентам, не привыкшим к чистоте отхожего места, что это не менее важно, чем все остальное, потому что театр — наш дом и относиться к нему надо соответственно. С того момента сортир стал неотъемлемой частью забот студийцев, доводивших его состояние до распространяющей благоухание дезодорантов стерильности. В «теплой» комнате мы устроили так называемую «трапезную», где стояли подаренные Зоей Павловной Бойко странные диваны-ко-

лымаги с кожаными сиденьями и деревянными рама-
ми с серпами и молотами. На них мы сидели и пили
сладкий чай с булками — это угощение было в подвале всегда. Велся журнал дежурных, отвечающих за по-
рядок и чистоту, а также постоянное наличие горячего
чая и свежего хлеба».

* * *

**Читателям, вместе со мной дошедшим до это-
го прозаического и в то же время глубинного при-
знания моего героя, я особенно благодарен. И как
обещал, одариваю их высказываниями и рассуж-
дениями Олега Павловича Табакова, которые я собрал за многие годы и разместил их в рукописи
собственной книги «Нескучные мысли москвичей». Они даны вразброс, без какой бы то ни было
системы. Но ценность их от этого не пострадала.**

* * *

«Наверное, надо быть идиотом, чтобы в 74 года,
руководя двумя театрами, организовывать еще и театральную школу. Но действительно, я это сделал. Ведь
ранняя профессионализация в нашем ремесле очень
важна. Может быть, и определяющая».

* * *

«Одаренность Безрукова была очевидна с первой
минуты. Кроме того, Сережа оказался очень ценным
членом коллектива. Его отец работал в Театре сатиры,

и благодаря этому Сережа приносил на самостоятельные показы огромное количество реквизита — не только для себя, но и для ребят. А однажды притащил... пулемет. Не настоящий, конечно, макет, но он выглядел очень внушительно. Он всегда — за коллектив. А такие люди особенно ценны в большом общем деле».

* * *

«Я так думаю, что мой глаз действительно обладает особым свойством — распознавать энергетику человека и даже некоторые параметры этой энергетики. Ведь один человек может покрыть своей энергией вот эту комнату, другой — четыре такие комнаты, а третий — четырнадцать. И это я ощущаю. Как и почему, сказать не могу, но ощущаю».

* * *

«Я многое делаю для своих учеников и не вижу в том особого героизма или какого-то благородства. Это нормальная вещь. Поскольку я отлично помню, как в свое время великая актриса Алла Тарасова лично пошла к министру обороны, чтобы меня, никому тогда еще не известного артиста, не брали в армию. Еще помню, как мой педагог Василий Осипович Топорков попросил меня и мою однокурсницу Нину Заварову сходить с ним в сберкассу, где он снял с книжки довольно много денег и на них устроил нашему курсу «отходную». А уж как забыть семью потомков художника Валентина Серова, к которым моя однокурсница привела меня нахлебником! У них варили грибной суп и кофе в жестяном самодельном кофейнике литра на четыре. Кормили не только голодных студентов, но и людей, вернувшихся из лагерей, — те вообще жили у Серовых по полгода. Например, родственница декабриста Пестеля — Елена Петровна Пестель, она ведь была репрессирована. Все это долги, которые надо отдавать. И я отдаю по мере возможности любимым людям».

* * *

«Мои родители видели мой успех. И это — самое главное».

* * *

«Был такой композитор Эдик Колмановский, автор песни «Я люблю тебя, жизнь...». Однажды он подарил мне свою пластинку, на которой надписал: «Я люблю тебя, друг. И хочу, чтобы лучше ты стал бы». Вот и я так смотрю на всех своих многочисленных учеников и на их работы.

* * *

«Лицо моего отца... В нем была какая-то печать. Печать таланта, наверное. Для меня эти понятия: отец-доктор и Антон Павлович Чехов-доктор очень соотносятся и означают если не знание истины в последней инстанции, то невероятное стремление к истине и к знанию».

* * *

«Неописуемое блаженство в детстве: взять книгу, развести в банке варенье, прихватить насушенных мамой сухариков, намазать их маслом и... Нет, никогда уже не испытать мне той беззаботной радости! И никогда уже не прочитать столько, сколько было прочитано в детские годы. Ныне я вполне безошибочно умею определять уровень литературы. Просмотрю несколько страниц и уже доподлинно знаю, следует ли читать далее. Ошибаюсь редко. Если бы не было того книжного марафона в детстве и в юности, наверное, в зрелые годы Маканина или Кима я бы не стал читать вовсе. Не заметил бы. Читал бы все Сорокина. Не буду, конечно, оригинальным, если скажу, что с детства любил Пушкина, «солнце русской поэзии». Только любовь к Александру Сергеевичу пришла не по официальным каналам, не через сказки или любовную лирику. Меня завораживали его «запретные» письма. В доме почему-то было сразу два полных собрания, и я довольно рано добрался до писем. Помню письмо Соболевскому: «Ты ничего не пишешь мне о 2100 р., мною тебе должных, а пишешь мне о M-me Kern, которую с помощью божией я на днях...».Ну, словом, оестествил. Вот что потрясало! Пушкин входил в число моих подростковых тайн».

* * *

«Женька Миронов — прежде всего любимый мною человек. У нас с ним общность судьбы, он мой земляк, из Саратова. И в юности сильно меня напоминал: тщедушный, белобрысый и обожающий сцену. Я таких за версту чую».

* * *

«Господь очень милостив ко мне — я, как и мой отец в свое время, моложаво выгляжу. В молодости я вообще думал, что так долго не живут!»

* * *

«Мне совсем не трудно показать что-то такое, чего я делать в действительности не умею. Всегда, например, могу «свободно поговорить» по-французски, зная этот язык на уровне «культивэ нотр жардэн» или «а ля гэр ком а ля гэр».

* * *

«В молодости мне казалось, что сумасшествие — болезнь наследственная, и я с ужасом находил в себе «признаки» шизофрении. А когда стал взрослым, узнал, что шизофрениками не рождаются. Шизофрениками становятся».

* * *

«Мысли покинуть Родину, может, и были. В свое время меня довольно недешево покупали американцы, чтобы я преподавал и играл в США. Одна моя подруга даже нашла мне агента. И язык я прилично знал. А вот когда настала минута окончательно решить — уезжать или остаться (в советские времена речь шла только о том, чтобы уехать навсегда, бесповоротно), я почувствовал: да не смогу я никуда уехать! Я ведь очень люблю нашу землю. Вот недавно был в Нижнем Новгороде, вышел на высокий берег Волги, на утес, там, где стоит памятник Чкалову, а до противоположного берега чуть ли не километр. Постоял минут семь, и у меня слезы потекли. Хотя вообще я не сентиментальный человек, наоборот — смешливый».

* * *

«В моих первых детских воспоминаниях нет ничего сверхординарного или скандального. О ранних годах жизни в памяти остаются загадочные, не совсем адекватные картинки реальности, факты и фактики. Какие-то несущественные с точки зрения здравого, взрослого смысла мелочи. На самом деле это важнейшие подробности становления души».

* * *

«По отношению к антисемитизму я всегда был настроен воинствующе. Моя жизнь сложилась так, что люди, принадлежащие к древнему и мудрому еврейскому народу, были той питательной средой, на которой я воспитывался этически и культурно».

* * *

«Мои театральные пристрастия очень совпадают или вытекают из суждения В. И. Немировича-Данченко, который в своих заметках, рассматривая удачи спектакля «Три сестры», писал о так называемых «знакомых неожиданностях», то есть о том, что имеет безусловное отношение к зрительскому жизненному и эмоциональному опыту. Когда человек, глядя на сцену, ахает: «О! Да это я! Такое было со мной, с моими близкими!» — увидев нечто безусловное в масштабах человеческого бытия. Я не раз говорил о том, что по большому счету люди ходят в театр, для того чтобы сравнивать свой жизненный и эмоциональный опыт с жизненным и эмоциональным опытом театра. Это я могу назвать качеством театрального успеха».

* * *

«Успех — это последовательность усилий театра, или режиссера, или актера в реализации задач, которые они ставят перед собой сами. На словах все вроде бы довольно просто, но на практике эта последовательность реализации оказывается чрезвычайно сложной. Ей мешает буквально все: и тяготы семейной жизни, и перипетии общественной, и какие-нибудь материальные неурядицы, и, наконец, напряженность «межличностных отношений» участников данного спектакля. Но все это, по заветам отцов-основателей, должно и может преодолеваться нами ради конечного результата.

Успех — это еще и полный контакт с залом, партнерами, радость взаимопонимания. Максимальная выдача того багажа, что накопился у тебя за душой на сегодняшний день. Излучение той энергии, которой актер держит зал. Процесс, мне хорошо знакомый и представляющийся вполне материальным. Уверен, что пройдет не так много времени, и технически оснащенные японцы, используя лучшие наработки каких-нибудь американских ребят или утекающих из России на Запад мозгов, изобретут и создадут некие аппараты, способные измерять излучение, исходящее со сцены. А на спинке стоящего перед зрителем кресла, возможно, появятся два рычага с надписями «смех» и «слезы», и поворотом этих рычагов он будет либо усиливать, либо ослаблять воздействие театра на себя. Эта футурологическая фантазия почти реальна для меня, потому что я знаю, где зарождается энергия, идущая в зрительный зал, и каким образом происходит перетекание этой энергии обратно на сцену. И насколько важно для людей, действующих на сцене, знание того, что они приняты и поняты зрителями. Ведь адекватность восприятия твоего творчества — такое же слагаемое успеха».

* * *

«Любовь — это когда не можешь без человека, когда нет сил терпеть разлуку».

* * *

«В годы раннего «Современника» было в моде некое гражданское отношение и понимание действительности. Рассуждали примерно так: «Миром правит говно». Это произносилось убежденно, отчаянно и даже категорически. По молодости лет мне эта безнадежность нравилась, и я повторял сакраментальную мысль вслед за старшими товарищами. Но вскоре мне стало скучно. По причине, если хотите, моего корневого жизненного устройства. Довольно быстро я сообразил, что лучше всех поют эту песню люди убогие, или, я бы сказал, сильно подпорченные природой и обществом. А вот которые посамостоятельнее, поавтономнее — те поют совсем по-другому, пытаются что-то сделать для жизни. Они и жизнь-то ощущают как подарок, какой бы трудной она ни была».

* * *

«Второго апреля 1972 года мне пришло письмо: «Многоуважаемый Олег Павлович!

Шведская Академия присылает своего постоянного секретаря г. Гирова для вручения мне нобелевских знаков. Пользуясь тем, что эта церемония, обычно происходящая в Стокгольме, на этот раз произойдет в Москве, я приглашаю на нее самых видных представителей художественной и научной интеллигенции, во всяком случае тех, чье творчество я знаю и могу оценить. Мне очень приятно было бы видеть на этой церемонии Вас. С искренним расположением А. Солженицын».

Это было новое испытание, которое послала мне жизнь. Я прекрасно знал, чем мне это грозит. В конце шестидесятых приятельница мамы, врач, выпросила у меня самиздатовскую книгу «В круге первом», которую не вернула и увезла с собой в Саратов. В Саратове ее арестовали, и она кончила жизнь самоубийством в камере СИЗО.

«Господи, как это страшно! Ведь они же, наверное, меня там то-то, то-то и то-то! У меня уже двое детей. Я член партии. Что мне за это будет?!» — думал я. И вместе с тем понимал, что не пойти туда не могу. Но Советская власть была «мудрой», тщательно и умело организованной, и не пустила постоянного секретаря Нобелевского комитета в Москву 9 апреля, в день, когда была назначена церемония. Так что мне не пришлось провоцировать работников госбезопасности на продолжение «дела». Кстати, дело на меня было заведено в КГБ еще до момента моего избрания секретарем парторганизации театра. Это мне потом сказал один мой друг. От него же я узнал, что некоторые из моих коллег активно пополняли эту папку — не знаю, за меня или против. Ладно, бог с ним. Знание рождает печаль».

* * *

«Еще о Солженицыне. Однажды первый секретарь Ленинградского райкома партии Москвы Евгений Андреевич Пирогов спросил: кого или что я считаю лучшим в современной культуре. Я ответил: «Гениального русского писателя Александра Исаевича Солженицына». Первый посмотрел на меня такими внимательными добрыми глазами и сказал: «Ну что же, наш партийный и гражданский долг найти человека, который сможет объяснить вам, Олег Павлович, что вы глубоко не правы». То есть явно партийными руководителями делался какой-то допуск на олигофрению таланта — «Молодой, шельмец, ну, ни хера, обломается». Какой молодой, мне уже было под сорок к тому времени! Не обломался».

* * *

«Театр-студия «Современник» возник из идеи, настойчивости, характера, любви артистов друг к другу и, что особенно важно, из веры».

* * *

«Однажды был с Машей (самая младшая дочь Табакова) в гостях. Там одной девочке не хватило куска красивого торта, и та расплакалась. Маша тут же отдала ей свой кусок. А ведь она любитель поесть — этим в меня пошла».

* * *

«Применительно к моей актерской и человеческой судьбе лучше, чем Чехов, сказать нельзя: «Неси свой крест и веруй». Я — фаталист. Всегда много работая не только в театре, но и в кино, я снимался за год в трех-четырех фильмах. Этот жесткий рабочий ритм не мог не сказаться на физическом самочувствии. И я получил инфаркт. И у него я многому научился, о чем так сразу и не расскажешь».

* * *

«Всегда в продаже» шел в «Современнике» и в пору моего директорства. У Аксенова есть целая глава в «Ожоге», когда герой приходит в театр и его встречает директор театра в виде бабы и что-то там делает, говорит. Признаюсь, я много раз ошарашивал посетителей своим, мягко говоря, неожиданным обликом, сидя в директорском кресле, одетый и загримированный для выхода на сцену в роли Клавы. Не однажды мое появление в женском обличье заставляло сановных гостей проявлять себя с самых неожиданных сторон, испытывать небольшую неловкость, к которой примешивалось любопытство. А для меня это было не только разновидностью хулиганства, но и весьма азартным занятием».

* * *

«Скажу честно: я отношусь к категории актеров, на которых не надо давить. Вы только выпустите меня на репетицию, а я уж выдавлю из себя что-нибудь. Просто не смогу не выдавить. А тогда зачем я сегодня приходил, если никого ничем не порадовал и не удивил?! Для меня репетиция — временной отрезок моей реальной жизни. Репетиция прошла успешно, значит, я не зря сегодня жил. Пребывание на сцене — моя настоящая жизнь. Все остальное — либо подготовка к ней, либо отдых. Чаще всего способный актер — существо ленивое и берегущее силы во время репетиций до встречи со зрителями: «А-а, потом!» Да не «потом», а именно сейчас! Перефразируя известное выражение: «Я играю — значит, я живу». Это и есть первейший закон жизни артиста Олега Табакова.

Другое дело, с каким КПД ты работаешь. В начале шестидесятых у нас ставился спектакль по пьесе Константина Симонова «Четвертый». Я играл итальянца Гвиччарди, и мой эпизод был в самом конце спектакля. Репетиционный процесс шел много дней, а до меня дело все не доходило и не доходило. А я до такой степени был беременен теми приспособлениями, которые уже приготовил для этой роли, что от распиравшего меня желания действовать на сцене начал непрерывно бегать по лестницам старого здания «Современника» с первого на третий этаж — вверх-вниз, вверх-вниз. Вот тебе доведенная до абсурда, до идиотизма ситуация нереализации себя».

* * *

«Посмотрев «Обыкновенную историю», Раневская на какое-то время увлеклась новым театральным персонажем — молодым актером Табаковым. Хотя мне в то время было тридцать с гаком. Но не в этом дело. Фаина Георгиевна обладала уникальной способностью удивляться и радоваться чужому дарованию, чужим способностям, что для меня было и непривычно, и необыкновенно приятно. Когда Раневская говорила, я стоял как завороженный, потребляя все объемы слов и понятий, обрушиваемых ею на мою слабую голову».

* * *

«Родственница Шелленберга прислала мне письмо: «Спасибо за то, что были добры, как дядюшка Вальтер, и дали возможность еще раз взглянуть на него!» Историю об этом письме любил рассказывать на своих творческих вечерах (сохранились аудиозаписи рассказа) актер и бард Юрий Визбор, исполнивший в фильме роль Мартина Бормана».

* * *

«Подлый остеохондроз ограничил мои двигательные способности, что меня тревожит. Но я сумел к нему как-то приспособиться и играть довольно сложные спектакли. Господь очень милостив ко мне — я, как и мой отец в свое время, моложаво выгляжу. Несмотря на мои преклонные годы. В молодости я вообще думал, что так долго не живут!»

* * *

«Аркадий Исаакович приходил на современниковские чаепития в идеальных белых сорочках и элегантно повязанных галстуках. Но за одним столом с нами он существовал несколько отрешенно. И тем не менее он принес мне такое же количество радости, как и Женя Евстигнеев. Поэтому по сию пору при воспоминании об Аркадии Исааковиче душа моя переполняется мыльными пузырями восторга, которые так и рвутся наружу».

* * *

«Среди моих учеников много успешных людей. Спрашивают: как я этого добиваюсь. Элементарно. Я ведь всегда учил студентов не для чужого дяди, а для себя, для собственного театра».

* * *

«Олег Ефремов в последние годы жизни сильно болел. В конце концов, его приковали к аппарату искусственной вентиляции легких. Как это обычно случается в природе, стоит сильному, крупному животному ослабеть, вокруг него тут же начинают кучковаться всякие шакалы, гиены и прочие малосимпатичные твари. Художественный театр перестал быть успешным, и актеры, которые нуждаются в постоянной любви и признании у зрителей, обвинили во всех грехах руководителя. И это тоже, увы, не ново. Сукины дети... Олег видел, что происходит, прекрасно понимал и дважды предлагал мне объединить в единый коллектив МХАТ и студию с Чаплыгина, слиться, так сказать, в творческом экстазе. Впервые разговор об этом зашел году в 92-м. Мы отобедали в ресторане на Чистопрудном бульваре, я, вдохновленный, тут же отправился к своим ребятам, но не встретил понимания. Женя Миронов, Володя Машков, Сережа Газаров и другие смотрели на меня с удивлением, искренне недоумевая, зачем им, молодым, успешным, идущим в гору, впрягаться в чужую телегу и тащить ее за собой. Подобная перспектива не вызвала ни энтузиазма, ни положительных эмоций. И моя метафора про новое вино в старых мехах должного эффекта не произвела. Ребята как стояли в курилке с сигаретами, так и остались в тех же позах, только ниже головы опустили. И я понял: слияния не будет».

* * *

«Пятьдесят лет занятий театром, начиная с драмкружка под руководством Натальи Иосифовны Сухостав, — очень большой срок. Но думаю, что коэффициент полезного действия от наработанного мною за все эти годы оказался меньшим, чем хотелось, хотя и явно превышал КПД паровоза. Наиболее стоящее из этих двадцати процентов связано не с тем, что «созрел замысел» или «сначала произошло озарение, а потом была огромная работа по реализации этого замысла, в поте лица своего, не разгибая спины...» и т.д., и т.п. Нет! Самыми стоящими оказываются некие профессиональные откровения, связанные с работой моего подсознания. Я твердо уверен, что в данном конкретном случае надо делать так и только так. А почему — не знаю. И не важно, что не знаю. Многое из того, что я делаю на сцене, я вообще никогда не узнавал — как надо. А вот ТАК!»

* * *

«Я не монархист, но мне очень дороги 300 лет царствования Романовых. При них Россия прирастала — территорией, богатством, а это не бывает случайно. У меня две линии происхождения. Папина — люмпенская, нищая. А по маме я из весьма состоятельного рода. У моего деда Андрея Францевича Пионтковского было имение в Одесской губернии. Никогда я об этом не забывал».

* * *

«Не подводя никаких итогов, скажу лишь несколько вещей, которые кажутся мне существенными. Когда-то повесть «Один день Ивана Денисовича» разделила мою жизнь на две половины, перевернув душу и заставив переосмыслить все происходящее со мною. И вот, спустя десятилетия, я записываю «Ивана Денисовича» на радио в другой стране, в Москве 2000 года... И вдруг испытываю странное ощущение и от смысла написанного Александром Исаевичем, и от опыта собственной души. А потом понимаю, какая мысль не дает мне покоя — все было не зря. За тридцать семь минувших лет душа не умерла: то, что я любил, я по-прежнему люблю, то, что ненавидел, — по-прежнему ненавижу. И плачу от того же, и смеюсь потому же. Хотя... с годами смеюсь чаще. Слава Богу, который дал мне способность хоть иногда видеть себя со стороны. В зеркале ванной комнаты, например».

* * *

«В «Современнике» была у меня очень звездная и очень колоритная роль буфетчицы Клавы в спектакле «Всегда в продаже». В это время я как раз директорствовал. И в дни, когда играл Клаву, специально не переодевался. Так и шел в кабинет — с пышной накладной грудью, в кудрявом парике, так и принимал посетителей, немало их смущая. Одним словом, хулиганил. На самом деле народ обожает, когда мужчина-актер переодевается в женщину».

* * *

«Счастье? Вот, к примеру, вечер моего 60-летия во МХАТе. После «Двадцати минут с ангелом», где принимала участие сборная команда — Галя Волчек, Марина Неелова, Костя Райкин, Володя Машков, Женя Миронов, — люди, с которыми я вместе работал в разные моменты жизни, сделали мне подарок. На сцену вышел мой внук Никита, сын Антона, и забрался на меня. Судя по выражению лиц, оба счастливы.

Или я с трудом завязываю шнурки ботинок, потому что мешает собственное брюхо, навевающее мысли о бренности существования и о собственном несовершенстве. Но не стоит творить философию отчаяния только потому, что выросло брюхо. Есть в жизни мгновения, которые придают ей огромный смысл. Вот когда сын Павел говорит мне: «Подыми меня вверх», — и добавляет: «Неожиданно», — я задыхаюсь в эту секунду от полноты чувства жизни. Или когда прихожу к своей внучке Полине в школу, на большую перемену, и мы прижимаемся с ней друг к другу. Или от того, с каким самозабвением требовал Никита, сын моего Антона, чтобы я обязательно взял его на руки, когда надо было идти по дорожке звезд на фестивале «Кинотавр». Все это снимали, и я увидел потом меру счастья в глазах этого существа. Или беспредельность щек у годовалой внучки Ани, которую произвел на свет тот же Антон вместе с Настей Чухрай. Вглядываюсь и с восторгом констатирую, что Анькины щеки — это мои щеки...»

* * *

«Однажды после спектакля «Обыкновенная история» к нам за кулисы зашел Хрущев. Я не удержался и спросил: «Никита Сергеевич, ну почему вы не реабилитировали Бухарина?» Мне виделось это вершиной справедливости и торжества демократии. Хрущев коротко бросил: «Не успел!» Потом мы еще раз пересеклись с ним в театре, где Питер Брук показывал «Короля Лира». Я сидел в партере позади Никиты Сергеевича и слышал, как он, занимая с Ниной Петровной места в зрительном зале, громко сказал кому-то из соседей: «Вот! Пришел посмотреть, как королей с работы снимают!» Гениальная фраза человека с хорошим чувством юмора!»

* * *

«Часто возвращаюсь мыслью к своему инфаркту. Тогда я четко уловил сигнал сверху: не заносись, умерь пыл! Не скажу, будто внял предупреждению Господа, но мысль о бренности земного бытия из заемной, книжной мудрости стала моей собственной, прочувствованной, абсорбированной. Как говорится, испытано на себе».

* * *

«Да, Ефремов злоупотреблял по части «зеленого змия». Но ему прощали все потому, что Олег сжигал себя ради театра, окружающие это видели. Дошло до того, что партийная власть открыто предложила мне сдать Ефремова и занять его место. Однажды Алла Шапошникова, полногрудая секретарь Московского горкома КПСС, попросила прогуляться с ней от площади Маяковского вниз по улице Горького и принялась убеждать, дескать, надо принимать срочные меры, иначе театр погибнет. Я отмалчивался, ничего не отвечал. Потом была еще попытка завести разговор на ту же тему. Мне и в голову не приходило всерьез рассматривать подобные предложения. Предательство находилось вне моей системы координат, хотя я рано узнал массу скверного о театре — про людскую зависть, подлость, интриги, подковерную борьбу. Поэтому никогда не возил подчиненных лицом по столу, не получал удовольствия, унижая других. Между тем уверен, многих привлекает во власти именно возможность безнаказанно измываться над слабыми и зависимыми. Что касается Олега, он любил меня и выделял. Я в числе первых из «Современника» получил звание заслуженного артиста РСФСР, в 34 года — необычайно рано! — стал лауреатом госпремии СССР. Орден «Знак Почета» мне дали еще раньше, в 1967-м. Это событие, правда, произошло без участия Ефремова. В отделе культуры ЦК КПСС работала инструктор Алла Михайлова. Она и принесла главному партийному идеологу Суслову список представленных к государственным наградам в честь 50-летия Великого Октября. Михаил Андреевич пробежал проект документа и завернул обратно: «Не годится! Где молодежь? Надо переделать». Вот Алла Александровна и вписала с перепуга Андрюшу Вознесенского, Женю Евтушенко, меня... Помню, в дверь репетиционного зала просунулся длинный нос Эрмана, и Леня стал громко шептать: «Олег Николаевич, извините! Позвонили из Кремля, срочно вызывают Лелика». Ефремов не любил, когда отвлекали от работы. Недовольно оглянулся и сердито гаркнул: «За каким хреном?» Перепуганный Леня почти беззвучно прошелестел: «Ему орден дали». Последовала немая сцена почти из «Ревизора»... Раньше ведь как было? Сначала кандидатуру будущего орденоносца утверждали на уровне местного профкома, потом требовалось одобрение партячейки, райкома, горкома и далее — со всеми остановками. А тут, получается, я перепрыгнул, сам того не ведая, с десяток ступеней. С тех пор у меня уже восемь орденов».

* * *

«Жизнь несовершенна, но миром правит отнюдь не то самое вещество. Им управляет вера, твое собственное желание сотворить что-то и не уйти бесследно. Надеюсь, именно этим питалась моя настоящая жизнь».

* * *

«Я действительно редко впадаю в душевную депрессию. Но однажды она все же случилась еще в «Современнике», при Ефремове. Тогда меня просто стали манкировать, и я натурально скис. Видимо, кто-то сообщил Ефремову о моем душевном кризисе и отчаянном состоянии, поскольку на следующий день он возник в дверях квартиры на Селезневке, где я тогда жил. Поглядел на умирающего и сказал: «Лелик, кончай, б...ядь, дурью маяться. Вот принес тебе пьесу, прочти на досуге». Это был «Амадей» Питера Шеффера. С тем в 83-м я и перешел в Художественный театр. А спустя еще год Олег подал высокому начальству бумагу-ходатайство о моем назначении ректором Школы-студии МХАТ. Его вызвал к себе Лигачев, тогдашний секретарь ЦК. Егор Кузьмич взял Ефремова под локоток, отвел в сторонку и доверительно спросил: «А Табаков-то наш человек? В «Семнадцати мгновениях весны» врага сыграл, Шелленберга». Ефремов успокоил: «Наш! На сто процентов!» Так меня утвердили на посту, на котором я честно оттрубил пятнадцать лет.

* * *

«Однажды нас с Евстигнеевым на заседании правления вывели из числа «звезд» на целый год. Дело было так. У нас было принято на обсуждении итогов сезона тайным голосованием оценивать работу каждого актера. И в зависимости от этого назначать зарплаты. Кому-то гонорары уменьшали, кому-то — увеличивали. И вот однажды меня и Женю на год лишили ставки «первых артистов». И мы каждый раз возвращали в кассу по 20 рублей, которые потом выплачивались другим артистам!»

* * *

«Есть в моей жизни поступки, которыми буду гордиться до гробовой доски. В шестьдесят седьмом году жизнь дала мне невероятный шанс. Кинорежиссер, чех, Карел Райш задумал снимать фильм «Айседора» о знаменитой балерине Айседоре Дункан. На главную роль пригласили Ванессу Редгрэйв. А я в неполных тридцать два года должен был играть Есенина. Пятого ноября я должен был быть в Лондоне — на примерке костюмов, головных уборов, обуви, делать грим. Но так случилось, что начало съемок совпало с седьмым ноября — днем, в который цензура запретила «Современнику» показ премьеры спектакля «Большевики» — нашего подарка партии на ее 50-летие, где я играл одну, отнюдь не главную, роль. Ефремов пошел в горком, я отправился к Екатерине Алексеевне Фурцевой. Женщина-министр согласилась прийти к нам на дневной прогон, устроенный специально для нее, и он ей понравился. Фурцева была человеком удивительной самостоятельности, и, входя в дело, она шла до конца, рискуя всем в ее положении — и креслом, и даже партбилетом. И тут я понимаю, что не могу оставить, а значит, предать это вовсе не являвшееся выдающимся художественным свершением дело. Но это было дело моего театра, который в моей жизни всегда имел первостепенное значение. Олег Николаевич не уговаривал меня. Я сам знал, что мне нельзя уезжать из Москвы. Вместо того чтобы рвануть за своей долей злата, я вместе с коллегами обивал пороги, добиваясь премьеры 7 ноября. Здесь действовала непонятная сейчас мораль другого времени, другого театра, которого давно нет и, может быть, уже никогда и не будет. Один из тех моих поступков, которые я «во дни сомнений, во дни тягостных раздумий» вспоминаю с приятностью».

* * *

«Русское телевидение — дремучее. Но меня русское телевидение не пугает: у меня же пульт есть!»

* * *

«Олег Ефремов, он, как богатырь из мифологии, лбом своим пробил чугунно-поролоновую стену эпохи развитого социализма и сделал этот театр. У нас с ним были как полосы отчуждения, так и полосы близости. И в этой близости я, человек, не сильно пьющий, деликатно интересовался: почему же он таким способом — через алкоголь — уходит от действительности? И он объяснял, по обыкновению растягивая слова: «Свободен становлюсь!» Понимал я эту философию с трудом, но принимал».

* * *

Никогда я не подводил театр, ничего не срывал и не скрывал, не просил переверстывать под меня репертуар. За все годы работы в «Современнике» по моей вине подобие серьезной проблемы возникло лишь однажды. Трагикомичная история! Однажды в бане ко мне сунулся человек нетрадиционной сексуальной ориентации с непристойными предложениями. Будучи провинциалом по духу и воспитанию, я без лишних разговоров хватил беднягу железной шайкой по голове и... оказался в милиции за драку в общественном месте. Стражи правопорядка не стали долго держать меня в кутузке, из отделения я рванул в театр, но, пробираясь через оркестровую яму, увидел, как на сцену выходит Игорь Кваша в моих красных носках и сшитых на заказ мокасинах. Спектакль «Никто» в тот вечер отменять не пришлось, хотя я чувствовал себя за кулисами не слишком комфортно».

* * *

«Когда МХАТ разделился, мгновенно возник анекдот. Мужик садится в такси и говорит: «Во МХАТ!» Водитель уточняет: «Вам в какой — в мужской или в женский?» Одним руководил Олег Ефремов, вторым — Татьяна Доронина».

* * *

«Осенью 68-го года я попал в больницу. Из Чехословакии мне пришли две посылки — подарки, которые я делал своим друзьям в Праге. Как форма протеста против того, что происходило у них в стране. Как ни страшно мне тогда было, прямо из больницы я по-

Художественный руководитель МХТ им. А.П. Чехова
Олег Табаков во время вручения премии имени Георгия
Товстоногова «Золотой софит», 2007 год

Народный артист СССР Олег Табаков с сыном во время традиционной посадки деревьев в рамках фестиваля искусств «Черешневый лес», 2007 год

Олег Табаков с Мариной Зудиной во время капустника в столичном клубе «Кино», 2008 год

Олег Табаков с супругой Мариной, сыном Павлом и дочерью Машей перед церемонией празднования своего 75-го юбилея, 2010 г.

Худрук МХТ имени А.П. Чехова Олег Табаков на традиционном сборе труппы в театре перед началом нового театрального сезона, 2011 год

Олег Табаков выступил на торжественном вечере,
посвященном 150-летию со дня рождения А.П. Чехова, 2010 год

Художественный руководитель МХТ имени А.П. Чехова Олег Табаков после спектакля «Год, когда я не родился» по пьесе Виктора Розова «Гнездо глухаря», 2012 год

слал телеграмму Брежневу, протестующую против ввода войск в Чехословакию. Не один я решился тогда на подобное — и Евтушенко, и Вознесенский, и Окуджава, и многие другие выражали свое несогласие. Мне было больно и обидно, когда мне вернули подарки. Но, может быть, самое кошмарное во всей этой истории то, что спустя три месяца, когда в ноябре 67-го раздавали так называемые ордена к 50-летию советской власти, и Евтушенко, мне и другим людям дали по ордену «Знак Почета». Так нам отомстили за выражение протеста. Власть была не только мощной, изобретательной, она была, так сказать, макиавеллиевской по дальновидности и непредсказуемости своих ходов. Кому было интересно — давали мы телеграммы им, не давали. Много бы я дал, чтобы иметь силы вернуть эту каинову печать, но нет, на это была кишка тонка. Позже, знакомясь с некоторыми записями Сперанского, наставника Александра I, я обнаружил, что это давно принятый на вооружение дьявольский ход власти. Попробуй отмойся. «Это же наш талантливый советский парень. Вот, только что орденочек получил. Видали?»

Впоследствии и комсомол, и государство достаточно регулярно одаривало меня различными наградами. На самом деле я к власти никогда не был близок. Мои отношения с ней всегда шли по касательной. В большинстве случаев это было связано с проблемами «Современника». Больше всего мне приходилось ходить к первому секретарю Московского горкома партии Виктору Васильевичу Гришину — человеку, сыгравшему в восьмидесятом году роковую роль в моей жизни. Я ходил к нему по поводам совсем не личным. То Спесивцев согрешил с какой-то своей ученицей и ему надо было сочетаться с ней ранним браком, а мы с Ефремовым шли объяснять, что работа у артистов такая нервная. То Галину Волчек надо было «пробивать» на должность главного режиссера.

Та власть была сильно изощренной во зле. Однако и мы сильно изощрялись по ее поводу. Как-то одна моя поклонница очень разволновалась, что мне никак не дают звание народного артиста СССР. А один актер, не буду называть его имени, сказал: «И правильно, что не дают. Лелеку следовало бы научиться язык за зубами держать».

* * *

«Мама хотела, чтобы я стал врачом-гинекологом. В то время труд этих врачей очень высоко оплачивался. Но я не стал. Это мой вклад в советскую медицину».

* * *

«К тридцати трем годам мои общественно-политические взгляды вполне сформировались. Я, как и многие тогда, бредил Солженицыным, его повесть «Один день Ивана Денисовича» была для меня тем самым Рубиконом, который поделил мою жизнь на «до» ее публикации и «после». Об этом же, кстати, говорила в свое время и Анна Андреевна Ахматова. Солженицын, Ахматова, Пастернак — вот мои университеты духа, ставшие доступными только с наступлением «оттепели» в стране, когда их стал печатать «Новый мир». «Новый мир» Твардовского, как и наш «Современник», был «птенцом гнезда Хрущева». Каждый номер журнала ожидался в величайшем томлении и мгновенно проглатывался от корки до корки. На журнал были установлены лимиты, но меня благодаря «лицу» подписывали вне всяких ограничений. До сих пор в моей библиотеке существуют переплетенные в ситцевые сарафанные обложки Семин, Быков, Катаев — все из «Нового мира», в основном определявшего круг моего чтения».

* * *

«Время, когда о нас кто-то должен позаботиться, ушло безвозвратно. Ни за что не променяю ни на какую чечевичную похлебку собеса, ни на какой социалистический гарант старости моей ту свободу, которую получил».

* * *

«Современник» в какое-то время забуксовал. А идти вперед можно было только с помощью проверенных, испытанных временем произведений. Увы, у Ефремова напрочь отсутствовал интерес к классической драматургии. А может, он боялся за нее браться. Однажды мы задумали постановку «Горя от ума», даже роли распределили. Алла Покровская должна была играть Софью, Игорь Кваша — Чацкого, Женька

Евстигнеев — Фамусова, я — Молчалина. А потом Ефремов уехал с Товстоноговым в Америку и на Кубу, где по дороге в подробностях изложил наш замысел. Олег вернулся в Москву, но за Грибоедова не взялся, с ходу начав репетировать новую пьесу Володина «Назначение». А Гога тот дорожный разговор не забыл и вскоре выпустил «Горе» в БДТ. Отличный спектакль! С Сергеем Юрским в роли Чацкого, виртуозно сыгравшим Молчалина Кириллом Лавровым и несравненной Татьяной Дорониной».

* * *

«Наш с Ефремовым конфликт продолжался в течение двух лет. Мы не примирились даже у гроба нашего общего учителя Василия Осиповича Топоркова, не разговаривали друг с другом, а стоявший за нашими спинами Сергей Федорович Бондарчук костерил нас почем свет за идиотизм поведения перед лицом вечности. А через какое-то время Олег Николаевич пришел на сотый спектакль «Всегда в продаже» и попросил у меня прощения. Я простил, мы пролили слезу, и конфликт был исчерпан».

* * *

«Сегодня нет героев. И это нормально. Что-то я не помню, чтобы французская революция родила множество героев. Все больше тартюфы или какие-нибудь пакостники, дурачки, господа журдены».

* * *

«Я же был связан с Борисом Николаевичем по жизни. Мы познакомились, когда он работал на Урале, а я директорствовал в «Современнике». Однажды театр собирался на гастроли в Свердловск, и мы заранее договорились о встрече с моим давним приятелем Яковом Рябовым, первым секретарем обкома КПСС, которого я знал еще по комсомолу. И вот мы приезжаем, и мне передают Яшино письмо: «Олег, извини, улетаю в срочную загранкомандировку. Но тебя будет опекать хороший парень — Боря Ельцин. На него можно положиться, он все сделает». Действительно, мы встретились и как-то сразу глянулись друг другу. Потом была пауза в общении, пока наши дорожки не пересеклись в Кремле, на всесоюзном совещании заведующих вузовскими кафедрами обществоведения, где я выступал. Что-то такое рассказывал про Обломова и Штольца, говорят, был в ударе. Словом, вернулся на место в зале и чувствую: кто-то крепко обхватывает меня за плечи. Оглядываюсь — Борис Николаевич улыбается: «Ну, ты молодец!» Вновь мы увиделись, когда Ельцин уже возглавлял московскую городскую парторганизацию, а я мучительно пытался закончить стройку в подвале на Чаплыгина. Наладочно-пусковые работы безнадежно затягивались, мы ни за что не управились бы в срок без вмешательства высокого начальства. Я позвонил помощнику Бориса Николаевича Виктору Илюшину, и тот моментально соединил нас по телефону. Ельцин предложил приехать, разговор продолжался часа четыре, не меньше. В итоге театр открылся в строго указанное время... Вскоре мне представился шанс отблагодарить Ельцина: когда он угодил в немилость к Горбачеву, лишился места в партийном ареопаге и сидел замом в Госстрое, я дал интервью влиятельному молодежному журналу, где сказал, что, потерпев карьерное поражение, Борис Николаевич одержал серьезную нравственную победу. Думал, корреспондент или редактор вычеркнут реплику, нет, напечатали слово в слово. Тогда немногие решались поддержать опального политика, и Ельцин по достоинству оценил мой жест».

* * *

«Мои учителя говорили: от существа к существу о существе по существу. Сочетания такого рода в театре встречаются все реже и реже: все более как-то получается не по существу».

* * *

Наш театр на Чаплыгина поддерживали очень многие. И среди них — Алеша Аджубей, муж дочери Хрущева Рады Никитичны. Он оказался одним из немногих, кто реально бился за то, чтобы в конце 70-х мне дали открыть театр. Алексея тогда уже убрали из «Известий», он заведовал отделом очерка в журнале «Советский Союз», но по-прежнему обладал авторитетом, а главное — несгибаемой волей. Аджубей ведь учился в Школе-студии МХАТ с Ефремовым, но потом ушел. Вот какие бывают совпадения! После первого курса они дали клятву верности идеям Станиславского, кровью расписались. Не шутки! Однажды я ходил с Олегом на день рождения к Алеше, и тот назвал меня зеленым. Было жутко обидно. Мне исполнилось двадцать три, я казался себе взрослым и многоопытным. А сейчас уже не обижаюсь».

* * *

«Все эти разговоры, что кино убило театр, — чушь собачья. У театра есть немыслимая привилегия: человеку предлагают действо, которое разворачивается только один раз, на его глазах. Вышли два актера, вынесли коврик — и началось».

* * *

«Когда Ефремов объявил о своем решении уйти во МХАТ, мы все были огорошены. Я так чувствовал себя бежавшим на свидание к любимой и вдруг мордой с маху налетевшим на бетонный столб. Для меня то была настоящая катастрофа. Четырнадцать лет отдал «Современнику». Четырнадцать! Ефремов предлагал идти вместе с ним во МХАТ. Не только мне, но и некоторым другим. Мы с Женькой Евстигнеевым наотрез отказались обсуждать тему. Олег не ожидал подобного поворота и тоже оказался огорошенным».

* * *

«Во все времена смешно от одного и того же: от несовершенства человека».

* * *

«Константин Михайлович был настоящим мужиком! Когда я приехал с ним в Берлин на премьеру фильма «Живые и мертвые», Симонов, увидев, сколько мне выписали суточных, сказал: «Старик, хочу дать немного денег. У меня есть еще, а вам пригодятся». Я стал мучительно краснеть и что-то лепетать, пытаясь вежливо отказаться от предложения. Симонов остановил словесный поток: «Бросьте, Олег! Разбогатеете — вернете». Никогда не забуду эту деликатную и тактичную форму поддержки. Кстати, благодаря только его статье в «Правде» наш «Современник» не закрыли».

* * *

«По сути дела, с детских лет я вынужден был иметь двойную, а то и тройную нравственную бухгалтерию — живя в этой жизни, соотнося себя с нею, принимая общепринятые условия, в то время как на самом деле настоящее положение дел было совсем-совсем страшным и серьезным. Длительное время существовала разработанная, разветвленная система, разделявшая общество на два лагеря: одни стучали, а других увозили. И тем сложнее давалась мне жизнь в этом обществе, чем более я был обласкан, востребован и благополучен. Мне никогда не хотелось быть диссидентом. Я относился к ним настороженно. Они мне не всегда казались достойными людьми. Много лет спустя я прочитал подобные сомнения у Иосифа Бродского. Мне не нравились те, кто использовал свою принадлежность к стану диссидентов как некую индульгенцию на все случаи жизни. Правда, я никогда не считал диссидентами ни Солженицына, ни Сахарова, ни Владимова, ни Войновича... И мне всегда казалось, что средствами своего ремесла я тоже могу изменять жизнь к лучшему. Но не революционно, это уж совершенно очевидно. Что-то меня сильно не устраивало в том, как люди выходили на Красную площадь. Джордано Бруно мне казался в большей степени имеющим право на уважение, потому что его поступок был «одноразовым» — ведь нельзя быть перманентно идущим на костер революционером. А какие-то коллективные прозрения, когда пять человек выходили на Красную площадь, мне были глубоко несимпатичны в силу, наверное, неуемного честолюбия. Моя профессия индивидуальна. Я всегда с пониманием относился к материальным тяготам людей, обрекавших себя на муку диссидентства, но та самая «труба», которая так призывно гремела, в моей душе должного отзвука не находила. С другой стороны, я никогда в жизни не подписал ни одного документа, осуждающего тех, кто выходил и боролся с существующим режимом. Это стоило мне очень немалого: и нервов, и хитрости, и изобретательности, но тем не менее я не сделал этого ни разу в жизни, что и констатирую в возрасте шестидесяти пяти лет».

* * *

«Не надо бояться быть глупым, смешным, нелепым. Человек так устроен, что в нем масса интересного, но это часто остается за кругом нашего внимания».

* * *

«Когда меня тряхнул инфаркт, мне велено было лежать все время на спине. Так, лежа, я представлял себя Андреем Болконским под Аустерлицем и размышлял о вечности. Когда начал потихоньку оживать, принялся обращать внимание на сестричек, иных до сих пор вспоминаю с удовольствием. Потом меня перевели в особый корпус, где трижды в неделю давали икру. Там же лечилась Ахматова. Она только-только вернулась с Сицилии, где получила престижную литературную премию. Я наблюдал за Анной Андреевной влюбленными глазами. Старуха была по-королевски прекрасна. Если б не инфаркт, не увидел бы Ахматовой».

* * *

«Цену себе я знаю. И давно. Поэтому свободен от суеты, мешающей другим».

* * *

«Однажды мы гастролировали в городе Темиртау, где строился огромный металлургический комбинат. Незадолго до нашего приезда там произошло восстание против советской власти. Конечно, его быстро подавили. И тут же в качестве «компенсации» прислали культурный десант — столичный театр. На аэродроме нас встречало городское начальство: предисполкома, по-нынешнему мэр, и первый секретарь горкома партии — казах и казашка. Предисполкома приветствовал гостей: «Дорогие товарищи киноартисты московского кинотеатра «Современник»! Два недели до вашего приезда был маленький саматоха. Стал кидать пустой бутылка водка, потом пустой бутылка шампанский в наступающий отряд милиция. Пять человек приговорены к высшей мере наказания. Добро пожаловать на наш гостеприимный казахский земля!» Впрочем, принимали нас очень тепло. А когда мы уезжали, один зритель, который побывал на всех моих спектаклях, искренне сказал мне: «Товарищ Табаков, вы хороший артист, только вот на бабу похожий».

* * *

«Василий Осипович Топорков и Олег Николаевич Ефремов — мои главные учителя по ремеслу моему. Никакие наши размолвки не отменят этой истины. Да и размолвка между нами-то была по-настоящему одна, когда Олег Николаевич решил уйти из «Современника», а я в нем оставался директором.

Ефремов — человек высокой судьбы. Просто в силу своего характера он боролся со сталинизмом совершенно сталинскими методами. Главной его ошибкой, как мне кажется, было стремление перераспределять блага, даваемые государством его подчиненным. И тут он всегда выделял меня и Женю Евстигнеева. Кстати, Женя был старше меня на девять лет. Мы с ним жили в одной комнате общежития Школы-студии МХАТа. Носили одинаковые черные трусы. А когда сдавали их стирать — оставались голыми. То есть и знали мы друг друга голыми. Высокая степень понимания была между нами.

А что касается Ефремова, то последние годы его не покидала мысль о том, чтобы я стал его наследником. В итоге так оно и получилось, хотя, по правде говоря, я не очень к тому стремился, потому что знал наверняка: придется скрепя сердце идти на ряд не просто непопулярных — жестоких мер. Но по-иному нельзя было, если уж говорить серьезно о наследовании Ефремова и в целом о МХАТе».

* * *

«Современник» в моей жизни не все, конечно, но очень многое. Там мы любили друг друга, имея высокое представление о своей работе, своем предназначении. Мы не кричали о своей гражданственности на каждом углу, но у нас были очень серьезные представления о ней».

* * *

«У меня умерла мама. Я ее похоронил, а вечером играл в спектакле «Большевики». Потому что был еще директором и знал твердо: если сам не буду до конца предан делу, как могу с других требовать самоотдачи. Вот такая была пронзительно-нравственная ось в наших координатах. Многие этого теперь не понимают, и я их не осуждаю. Но сам в душе горжусь тем, что в самые свинцовые времена вел себя в общем-то достойно, за себя мне не стыдно. Когда от меня потребовали вывести из телевизионного спектакля о декабристах Зорика Филлера, я счел нужным заявить начальству: «Пошли вон!» И деньги я собирал опальному Юлику Даниэлю».

* * *

«Много ерунды происходит от желания людей понравиться. Синдром Хлестакова: хотите видеть меня таким? Пожалуйста! Этаким? Рад стараться!»

* * *

«Никогда я не бегал от работы, наоборот, ее искал. Во-первых, потому что очень люблю профессию, во-вторых, потому что экономическая независимость — один из главных компонентов моей жизненной философии. Я почти всегда занимался тем, что мне было интересно, никогда не работал в полноги. Знал всегда: есть глубина колодца, данного тебе Господом Богом и папой с мамой. Если ты его разрабатываешь, копаешь глубже, чистишь регулярно — вода в нем всегда будет чистой и студеной. Начнешь лишь его эксплуатировать, только воду черпать и таскать — он сначала обмелеет, потом и вовсе пересохнет. В этом смысле я всегда за своим колодцем следил пристально. Еще студентом, будучи и отнюдь не обойденным вниманием своих педагогов, я умудрялся заниматься в ночной студии Петра Ершова. На третьем курсе принял предложение Ефремова репетировать — опять же по ночам — пьесу Розова «Вечно живые». К тому моменту я и вовсе уже был на коне, меня тянули в театр Станиславского, где предлагали играть на пару с Женей Урбанским. Но я предпочел, казалось бы, легкомысленное, авантюрное дело, которое в те поры называлось Студией молодых актеров и лишь позже — «Современником». Потом была моя «Табакерка», где всегда рассматривались проблемы живого человека, стоящие перед ним от века: смерть, вера, любовь. Вопросы, признаться, подзабытые нашим театром в связи с мировоззренческими сдвигами в обществе. Сдвиги эти начались с 1987 года. Никто нами не командует с тех пор, но это оказалось едва ли не хуже в сравнении с временами застойными. Ибо власти не делают не только того, что не должно, но и того, что делать обязаны. Никто не расчищает авгиевы конюшни исторически накопившихся безобразий, а все только ко тех безобразий добавляют. Особенно жалко стариков, в нищете доживающих свою и без того не сладкую жизнь; и мальчишек, гибнущих во все новых войнах. Нехватка любви сейчас — едва ли не самая острая наша проблема. Количество недолюбленных людей превышает сейчас в России все допустимые санитарные нормы. Я железно убежден: большая часть наших бед, несчастий, тупиков — от нехватки любви к ближнему своему. Театр и нужен в основном для того, чтобы восполнить пониженную концентрацию любви в окружающей среде».

* * *

«В партию я вступил исключительно по наущению Ефремова. Однажды Олег Николаевич отозвал нас с Женькой Евстигнеевым в сторонку и предложил:

«Пойдем, потолкуем без свидетелей». Ну, пошли. Взяли по сто граммов на брата, чокнулись, выпили, Ефремов и говорит: «Ребята, надо вступать в партию, иначе не отстоим театр. Посмотрите, кто входит в нашу ячейку, — трое пожарных, один из которых сильно пьющий, заведующий монтировочной частью Михаил Маланьин, директор-распорядитель Ленька Эрман да я. Все! Нет, без вашей помощи не справлюсь». Коль такое дело, мы с Женькой и написали заявления с просьбой принять нас в ряды КПСС. С тех пор многие года прошелестели. Но членский билет я не сжигал, до сих пор храню его как страничку биографии. Хотя уже, будучи в начале 90-х ректором Школы-студии МХАТ, запретил работу первичной парторганизации задолго до того, как Борис Ельцин издал президентский указ о роспуске КПСС».

* * *

«Депрессиям я не подвержен, любую хандру преодолеваю при помощи стакана беленькой и двенадцати часов здорового сна. Я ведь считаю себя успешным, победительным человеком по жизни. За исключением нескольких эпизодов, которые отношу к неприятным осечкам, как то: инфаркт, уход из «Современника», ну еще пара-тройка неприятностей».

* * *

«Говорить про себя «Я счастлив!» может только дурак. Счастье — это, по сути дела, секунды или несколько секунд. Случаются они, потом долгое время этого нет, и когда они случаются вновь, особенно остро ощущаешь это».

* * *

«То, что именно я после смерти Олега Ефремова возглавил МХАТ, приняли не все. Наверняка и сегодня кто-нибудь задается вопросом: а почему Лелик? Не ввязываюсь в подобные дискуссии, предпочитаю отвечать делом: полным зрительным залом, который стал нормой для Художественного театра».

* * *

«Талант — единственное, что меня может тронуть».

* * *

«Благодаря Яншину я пристрастился болеть за московский «Спартак». В 1955 году Михал Михалыч привел во МХАТ вышедшего из ГУЛАГа Николая Старостина. Мне посчастливилось на той встрече побывать. И до сих пор я верен красно-белым».

* * *

«Я незлобив и обладаю комплексом полноценности. Это главное. Конечно, мне случалось ошибаться и разочаровываться в людях. Но я закусывал до крови губу и шел дальше. Никогда не делал ничего в ответ, не тратил силы на это. Да и потом глупо уже обижаться в моем возрасте. Лучше не злость копить на живых, а любить их. Это продуктивнее, чем носить цветочки на могилки».

* * *

«Одна из самых первых моих поклонниц прислала записку следующего содержания — сохраняю орфографию оригинала: «Дарагой Олег! Гани их от себя! Я одна создам твою славу. У тибя все в-пириди». Грамотности мало, но добра мне пожелала много».

* * *

«Я встречал много хороших людей, гораздо больше, нежели плохих. Мне нравится полнокровная жизнь, я люблю ее».

* * *

«Я не фаталист и не романтик. Понимаю: никто не вечен, однако то, что отпущено сверху, все мое».

* * *

«Когда после тяжелой болезни умер Вячеслав Невинный, с которым мы вместе начинали и потом долго работали, я пошел в мэрию и сказал то, что обычно вслух не произносят: «Мне ведь место на Новодевичьем, наверное, полагается? Можно мы там Славку похороним? Для себя согласен на что-нибудь попроще». Оказалось, нет, нельзя. Жаль! Я бы поменялся...».

* * *

Ну вот, дорогой читатель, мы и пришли с вами к финишу. Закончу о Табакове тем, с чего начал. В нашей стране сейчас, к великому сожалению, нет другой театральной величины и личности его уровня. Ни по работоспособности, ни по организаторским талантам. Это прекрасно поняли американцы и японцы — нации наиболее динамичные и пассионарные. Там и там Табаков был нарасхват. Слава Богу, что он, в конце концов, возглавил МХАТ. Не то, не ровен час, мы бы имели второго Ростроповича, только драматического разлива, который бы воспитывал с театральной кафедры весь мир, а к нам являлся бы редким заморским гостем во фраке с иголочки. По счастью привязанности к родной, русской земле у него ровно настолько, что бросить ее он не в силах. Хотя силы в нем несметные. Пашку — сына родил без какой-то малости в шестьдесят, а дочь Марию в 71 — доблесть мужская величайшая, с какой ни посмотри на нее стороны. Хотя он старше родителей своей второй жены Марины Зудиной, которая полюбила его без малейших намеков на семейную жизнь и так любила почти двенадцать лет. Кто теперь вспомнит, что в 29 лет Олега Павловича свалил инфаркт? Или кто, к примеру, знает, что Обломова в кино Табаков сыграл, будучи почти в два раза старше своего персонажа?

О том, какой Табаков замечательный артист, можно говорить до бесконечности. Однажды мы пригласили его в Дом актера на капустник и попросили сыграть отрывок, по-моему, из какого-то вампиловского спектакля. Олегу Павловичу по ходу действия пришлось изображать человека с похмелья. Он играл, сделав себе «железные зубы» из обыкновенной фольги, которой была обернутая плитка шоколада. Публика валялась в коликах, а три мои приятельницы вдруг выскочили из зала. Спрашиваю потом, что с вами, девочки, случилось? Потупив взор, одна призналась: мы, Мишаня, прости, описались. И я не сильно удивился, сам был на грани этого физиологического действа...

Грани общественного признания Олега Павловича Табакова

Первая премия — часы «Победа» — за роль Пети Трофимова в студенческом спектакле «Вишневый сад» на фестивале «Московская театральная весна». Премия «Золотой Овен» — «Человек кинематографического года». Премия Золотая маска. Премия «Чайка» (в номинациях «Патриарх», «лучший комедийный актер». (1997, 2004 годы). Премия Хрустальная Турандот (1999, 2004, 2011 годы). Премия «Слава России». Национальная премия «Россиянин года» «за выдающийся вклад в развитие российского театра». Национальная премия «Лучший руководитель России». Театральная премия имени Г. Товстоногова в номинации «за выдающийся вклад в развитие театрального искусства». Премия X Открытого Российского фестиваля кинокомедий «Улыбнись, Россия!» в номинации «за вклад в комедию». Премия «Кумир» в номинации «Высокое служение искусству». Премия «Звездный мост» — «за выдающийся вклад в развитие аудиовизуальных искусств для детей и юношества». Премия Европейской культуры «Треббия» — «за выдающийся вклад в развитие искусства». Международная премия «Персона года» (Гран-при) — «за наиболее яркое проявление себя в деле служения общественным политическим и государственным интересам России». Премия газеты «Московский комсомолец» по итогам 2002–2003 гг. Премия газеты «Московский комсомолец» (роль Серебрякова в спектакле «Дядя Ваня»). Премия газеты «Московский комсомолец» в номинации «Человек года». Специальная театральная премия газеты «Московский комсомолец». Премия читателей газеты «Аргументы и факты» «Национальная гордость России». Международная премия Станиславского. Золотая медаль имени Н. Д. Мордвинова — «за выдающийся вклад в развитие театра» (Международный театральный форум «Золотой витязь», 2010 и 2011 годы). Орден «Слава Отечества». Высшая Российская общественная награда — знак ордена святого Александра Невского «За труды и Отечество». Российская национальная театральная премия «Золотая маска» «за выдающийся вклад в развитие театрального искусства».

Табаков — Почетный член Российской академии художеств, академик Российской академии кинематографических искусств «Ника», академик Национальной академии кинематографических искусств и наук России, Почетный доктор Чешской академии изящных искусств, Почетный гражданин Саратова, Почетный гражданин Саратовской области. Ему установлен памятник в Саратове в образе Олега Савина из фильма «Шумный день».

* * *

Летом этого года исполняется 45 лет с первого показа на советском телевидении фильма «Семнадцать мгновений весны». Картина эта стала выдающимся культурным явлением и побила многие отечественные и зарубежные рекорды. Кроме всего прочего, она характерна тем, что среди сотни ее исполнителей добрая половина — широко на то время известные актеры. Среди них — Леонид Броневой, Юрий Визбор, Валентин Гафт, Николай Гриценко, Лев Дуров, Евгений Евстигнеев, Юрий Катин-Ярцев, Владимир Кенигсон, Владимир Козел, Леонид Куравлев, Евгений Лазарев, Василий Лановой, Ростислав Плятт, Николай Прокопович, Светлана Светличная, Олег Табаков, Вячеслав Тихонов, Инна Ульянова, Вячеслав Шалевич, Алексей Эйбоженко. Ефим Копелян читал закадровый текст, а Евгений Жариков, Евгений Весник и Николай Граббе озвучивали немецких актеров. Другими словами, и «звездная плотность» фильма не имеет аналога в отечественном кинематографе.

Так или иначе, я знаком со всеми вышеперечисленными актерами. Но четверо из них мне по-особому дороги. Щедрая судьба подарила мне очень добрые отношения не только с Олегом Табаковым, но и с Вячеславом Тихоновым, Василием Лановым, Леонидом Куравлевым. Все они плотно «задействованы» в легендарном телефильме. Однако, прежде чем рассказать о каждом, остановлюсь вкратце на самом супертелевизионном фильме.

* * *

Двенадцатисерийный художественный телефильм «Семнадцать мгновений весны» Татьяна Лиознова сняла по одноименному роману Юлиана Семенова. Это военная драма о советском разведчике, которому удалось внедриться в высшие эшелоны власти гитлеровской Германии. Лента снималась больше трех лет, что дало повод тогдашнему председателю КГБ СССР Юрию Андропову мрачно пошутить в разговоре со своим заместителем Георгием Циневым, курировавшим «17 мгновений»: «Война меньше длилась, чем съемки вашей картины». Планировалось показать телефильм ко Дню Победы в 1973 году, однако премьеру отложили по политическим соображениям. Генсек Л. И. Брежнев побывал с официальным визитом в Германии. Поэтому 1-ю серию показали лишь в августе 1973 года. Конечно, съемочная группа рассчитывала на определенный успех, но то, что произошло в действительности, превысило самые смелые ожидания. Фильм имел смерчеподобный успех. Его посмотрело около 100 миллионов телезрителей! Ничего подобного до сих пор на советском телевидении не случалось. Так что уже через пару месяцев «Семнадцать мгновений весны» показали повторно. Фильм был удостоен Государственной премии РСФСР и специальной премии КГБ СССР.

Все события происходят с 12 февраля по 24 марта 1945 года. Главный герой, штандартенфюрер Макс Отто фон Штирлиц, советский разведчик, работающий в центральном аппарате СД, получает задание выяснить, кто из высших руководителей Рейха ведет сепаратные переговоры о перемирии с США и Великобританией. В то же самое время начальник РСХА Кальтенбруннер отдает распоряжение провести негласную проверку деятельности Штирлица. Ему сдается, что разведчик замешан в крупном провале по созданию «оружия возмездия».

Берлин уже регулярно бомбит советская авиация. В одном из налетов пострадали радисты Штирлица — муж и жена Эрвин и Кэтрин Кин. Эрвин гибнет, а беременная Кэтрин без сознания попадает в клинику Шарите, где во время родов кричит по-русски. Работницы клиники незамедлительно сообщают об этом в гестапо. Задача Штирлица осложняется: он остался без связи с Центром.

Довольно быстро Штирлиц выясняет, что переговоры действительно идут в Швейцарии, а их инициатор — глава СС Генрих Гиммлер. Сам он получает задание от своего шефа Шелленберга на их обеспечение. Сведения об этом разведчик передает через антинацистски настроенных пастора Шлага и профессора Плейшнера. Обоих посылает в Швейцарию. Пастор выполняет поручение, а Плейшнер совершает самоубийство.

Для того чтобы воспрепятствовать переговорам, Штирлиц идет на контакт с реихсляитером Мартином Борманом, сообщив тому о «предательском заговоре против фюрера». А тем временем начальник гестапо Мюллер узнает, что Штирлиц, скорее всего, советский резидент, тайно встречающийся с Борманом. Начинается захватывающая психологическая дуэль Мюллер — Штирлиц, возможно, самые захватывающие кадры многосерийного фильма. Параллельно со всеми перипетиями Штирлиц решает еще одну сверхзадачу: спасение радистки Кэт.

По распоряжению Бормана обергруппенфюрера Вольфа, представляющего Гиммлера на переговорах со спецслужбами США, отзывают в Берлин. От ареста Вольфа спасает Шелленберг: он заранее заготовил версию, что переговоры затеяны СД, чтобы поссорить Сталина с союзниками.

Отправив радистку Кэт на родину, Штирлиц получает от Шлага ценные сведения о контактах Вольфа с американцами, восстанавливает связь с Центром, узнает о том, что он представлен к присвоению звания Героя Советского Союза. А еще узнает о том, что Плейшнер его не предал. Взвесив все «за» и «против», Штирлиц возвращается в Берлин, чтобы продолжить свою полную опасностей работу.

Музыку к фильму написал композитор Микаэл Таривердиев, слова песен — поэт Роберт Рождественский. Вначале было 12 таких песен — по одной на каждую серию. Но режиссер оставил только две — «Мгновения» и «Песню о далекой Родине». Лиознова впоследствии это отрицала, однако то, что долго искала исполнителей, подтверждала. Пробные записи делали Ободзинский, Мулерман, Никитский, Барашков, Толкунова, Магомаев. Иосифу Кобзону предложили спеть так, чтобы его голоса не узнали. Тот обиделся, но спел. В первоначальных титрах исполнителя песен не указали, поскольку титры готовились заранее, до того, как Кобзона утвердили.

Еще в фильме звучат следующие музыкальные темы: «На Цветочной улице»; «Где-то далеко»; «Эхо войны»; «В черно-белом ритме»; «Мгновения»; «Прелюдия для Кэт»; «Вокзал прощания»; «Дороги»; «Ночной патруль»; «Весеннее утро»; «Двое в кафе»; «Сумерки в Берлине»; «Встреча с женой»; «Вальс для Габи и Штирлица». Кроме музыки Таривердиева использованы произведения еще 30 композиторов, большей частью зарубежных. Таким образом, и в музыкальном оформлении «Семнадцать мгновений весны» побили все отечественные рекорды.

Фильм снят на черно-белую кинопленку в обычном формате. Продолжительность каждой серии 65–70 минут. Насыщенность картины документальными кадрами времен Великой Отечественной войны тоже рекордная — использовано около 5 тысяч метров пленки.

В 2006 году фильм колоризовали. Художники выбирали ключевые кадры каждой сцены (всего около 1500 штук), после чего разрисовывали их вручную, и они служили образцами. В работе участвовали 600 специалистов из разных стран. Был переработан и звук. Работы завершились к 2009 году. Минута колоризованного экранного времени обошлась в 3000 долларов. Впоследствии выяснилось, что в процессе колоризации фильм оказался урезанным примерно на 25% хронометража в каждой серии.

9 мая 2008 года на канале НТВ показали первые рекламные ролики с колоризированными сценами. Премьера состоялась 4 мая 2009 года на телеканале «Россия» под названием «„Семнадцать мгновений весны". Возвращение легенды!».

По поводу колоризованной версии Татьяна Лиознова высказалась более чем восторженно: «Я сегодня посмотрела одну серию нового фильма «Семнадцать мгновений весны». Я ошеломлена, не скрою. Мне показалось, что я на съемочной площадке вновь! До такой степени достоверно переданы цвета. Поразительно. Я не понимаю: как это сделано?! Как можно было добиться таких результатов?! Наверное, это — чудовищный труд. Но будем надеяться, что зрители это оценят».

Увы, но зрители в подавляющем большинстве своем не разделили восхищений создательницы легендарного фильма. Они разделили позицию исполнителя роли главного героя фильма Вячеслава Тихонова: «То, что сделали с картиной, — преступление. Это не та картина, в которой я участвовал. Это не та картина, которую снимали оператор Петр Катаев и художник-постановщик Борис Дуленков, это не та картина, для которой работали Таривердиев и Рождественский. И это ко всем нам не имеет почти никакого отношения».

Понятное дело, что мне, как автору сих заметок, не пристало выступать арбитром в заочном споре режиссера и главного героя фильма, которых к тому же давно уже нет в живых. Однако высказать свое мнение рискну. И оно будет заключаться в том, что фильмы о минувшей, самой трагичной и великой войне не должны сниматься в цвете принципиально. Хотя бы только лишь потому, что в те времена мы не могли себе позволить цвета. Не было его у нас. Тем более глупо расцвечивать сейчас то, что предки снимали на черно-белую пленку. Глупо упрекать их за ту бедность. Они все отдали ради Победы.

Но в случае с «Семнадцатью мгновениями весны» речь ведь не только и не столько о расцвечивании ленты, сколько о том, что колоризаторы волюнтаристски, внаглую, вмешались в само содержание фильма. Вот лишь несколько примеров в подтверждение сказанного. Главный эпизод 7-й серии — длинная беседа Штирлица с генералом (Николай Гриценко) в вагоне международного поезда — утратил более половины объема и все наиболее значимое его содержание, вложенное в него Юлианом Семеновым! Так, в корзину полетела характеристика генералом американского характера и общества, советских как «диких, нищих людей», обоснование необходимости ведения войн Германией, характеристика действий Гитлера высшим военным командованием, размышления генерала о ближайшем и последующем будущем Германии. Это же худший, «либерастический» вид цензуры!

9-я серия. Здесь почти полностью переписан эпизод, подробно раскрывающий как в романе, так и в оригинальном фильме 1972 года работу политической разведки Ватикана, игравшей большую роль в военной и послевоенной Европе. Эпизод сокращен, текст переставлен местами, частично наложен на конец предыдущего эпизода. Разговор католического священника начинается за кадром, пока он еще поднимается по лестнице, и, перемежаясь с кадрами уходящего по улице пастора Шлага, заканчивается им уже в кресле. А начальная фраза: «Джованни, я продиктую вам депешу, немедленно зашифруйте и отправьте ее в Ватикан» — вообще вырезана.

10-я серия. Характеристика Мюллера смягчена. А ведь он и так выступает в фильме как весьма привлекательный интеллигент, человек без вредных привычек. «Дайте описание и скажите, что она воровка и убийца. Пусть берут. Если схватят больше, я их извиню. Главное, чтобы не пропустили ту, которую я жду». Эти распоряжения Мюллера Биттнеру о поиске женщины с ребенком на всех станциях метро вообще исчезли! Удалены отдельные фразы из диалога сыщиков на месте убийства Рольфа и Барбары. Нет важного рассказа Хельмута Кальдера радистке Кэт о своей жене, показывающего, что Хельмут стеснялся этого эпизода в своей жизни и несколько приукрашивал описание того лица, к которому ушла его жена: «Сдала ребенка в приют и ушла. С офицером из люфтваффе (эта фраза вырезана)», а через некоторое время Биттнер докладывает Мюллеру, что она ушла с «каким-то торговцем».

А вот диалог, вошедший в байки и анекдоты. Переодетый нелегал-гестаповец: «У вас надежная «крыша»?» Плейшнер: «Но я живу на втором этаже». Этого нет в цветной версии!

Существенно урезан эпизод метаний Плейшнера после осознания провала (попытка выйти через парадный вход, охраняемый агентами Гестапо; попытка открыть закрытую дверь во двор; взгляд с площадки второго этажа на агентов в подъезде; настойчивое повторение агентом-нелегалом фразы: «Вы ошиблись!»), из-за чего решение покончить с собой будто бы принимается Плейшнером молниеносно.

11-я серия. Самый забойный по своей ироничности момент фильма безнадежно испорчен. Штирлиц перематывает пленку на диктофоне, а Мюллер, естественно, уже ждет, что ему сейчас ту пленку вручат. Однако Штирлиц спокойно кладет ее себе в карман. И как ни в чем не бывало интересуется: «Еще кофе?» — «Нет, спасибо», — очень выразительно отвечает Мюллер. Это же целый анекдот блестяще разыгран! Но его нет в версии 2009 года.

И в то же самое время серии 5-я, 8-я, 12-я не подверглись практически никаким сокращениям. Даже непонятно, почему случились такая нелепость, вопиющий непрофессионализм и глупое, ничем не мотивированное вмешательство в славный оригинал.

. . . .

Интересные факты из фильма

* * *

Сцены тюрьмы в помещениях здания РСХА снимались в Бутырской тюрьме.

* * *

Исполнители всех эпизодических ролей и солдатская массовка — это в основном отобранные консультантом Г. В. Пипией курсанты училища пограничных войск.

* * *

Эпизод, в котором к Штирлицу в ресторане приставала пьяная дама с лисой (Инна Ульянова), снимался в московском кафе «Лира». Сейчас в этом помещении действует первый в СССР и крупнейший в Европе «Макдоналдс».

* * *

Виды с улицы на трактир «Грубый Готлиб» снимались у берлинского ресторана «У последней инстанции». Это заведение под своим подлинным именем упоминается в «Майоре Вихре».

* * *

Эпизоды с профессором Плейшнером в Берне, когда он закуривает сигарету, снимались в саксонском городе Майсене. В начале 11-й серии Берн представлен ратушей (городской совет) Майсена на Торговой площади.

* * *

Съемки Блюменштрассе (Цветочной улицы) происходили в Старой Риге, на Яуниела («Новая улица»), нечетную сторону Татьяна Лиознова выдала за Цветочную улицу Берна.

* * *

В 8-й серии снят спуск со стороны Риги у Мурьянского моста в Латвии (трасса Рига — Валмиера, южная граница Национального парка «Гауя». Мост уже перестроен). Видна табличка с названием реки Гауя.

* * *

Здание, в котором находилась конспиративная радиоквартира, где работала Кэт, — известный своей архитектурой в стиле «модерн» дом в Москве, на углу Хлебного и Малого Ржевского переулков.

* * *

Поскольку маленькие дети очень быстро растут, младенцев Кэтрин Кин и Хельмута Кальдера в съемках играли шестеро разных детей.

* * *

В трех эпизодах 7-й и 8-й серии использованы кадры из немецкого художественного фильма 1959 года «Мост».

* * *

Главный консультант фильма в титрах оригинальной черно-белой версии — генерал-полковник С. К. Мишин. На самом деле он — первый заместитель председателя КГБ СССР, генерал-полковник Семен Кузьмич Цвигун. (В цветной версии указан.) Другой консультант — Колх — псевдоним Георгия Пипии.

* * *

После первого показа фильма на советском телевидении режиссер Татьяна Лиознова получила от зрителей 12 мешков писем. Все прочитала и на все лично ответила.

* * *

Украинский телеканал ТВi в период с 9 по 11 мая 2008 года транслировал дублированную на украинский язык версию телесериала. Режиссер дубляжа — Евгений Малуха. Перевод писательницы Леси Мовчун. Штирлица дублировал Михаил Жонин, радистку Кэт — Наталья Валевская, хозяина пивной — Леонид Марченко, гестаповцев — Евгений Малуха, а Сталина и Гитлера озвучил актер-имитатор Юрий Коваленко. Стоимость дубляжа всех двенадцати серий составила 216 тысяч гривен. Песню «Мгновения, мгновения» «на украиньськау мову» перевести не сумели.

* * *

Некоторые персонажи фильма и книги (Исаев, Холтофф, Айсман, Рунге) перекочевали в другой фильм об Исаеве-Штирлице — «Жизнь и смерть Фердинанда Люса» (по роману Юлиана Семенова «Бомба для председателя»), снятый А. Бобровским в 1976 году. При этом в обеих экранизациях два актера играли одинаковых персонажей: Григорий Лямпе — роль физика Рунге, Михаил Жарковский — роль Эрнста Кальтенбруннера. Евгений Кузнецов, исполняющий роль группенфюрера СС Крюгера, играл ту же роль в фильме «Майор Вихрь».

* * *

Мюллер — первая кинороль Леонида Броневого, принесшая ему всесоюзную известность. Режиссерская группа не располагала изображением реального Генриха Мюллера. Поэтому образ шефа гестапо, созданный Броневым, даже близко не соответствует оригиналу. В фильме (как и в романе) Мюллер лет на десять старше Штирлица. В действительности же, как актеры Тихонов и Броневой, так и их герои Штирлиц и Мюллер — ровесники (первые — 1928 года рождения, вторые — 1900 года). Актерам на момент выхода фильма на экраны, как и их персонажам в 1945 году, исполнилось по 45 лет. Реальный Мюллер был высоким худощавым горбоносым брюнетом. Броневой говорил: «Если бы я знал внешность исторического Мюллера, то отказался бы от роли». Движение головой Мюллера в минуты раздражения придумано на съемочной площадке: у рубашки Броневого оказался слишком тесный воротник.

* * *

Олег Табаков оказался удивительно похожим на реального Вальтера Шелленберга.

* * *

В романе нет фрау Заурих. Ее придумала Татьяна Лиознова, чтобы «очеловечить» образ Штирлица. На роль приглашали Фаину Раневскую. Но она, просмотрев сценарий, отказалась работать наотрез. Фрау Заурих сыграла Э. Мильтон. Эпизоды с ней сочинялись по ходу съемок.

* * *

Штирлица для немецкой версии озвучивал актер из ГДР Отто Меллис — исполнитель роли Гельмута. Самого Гельмута дублировал другой немецкий актер.

«Семнадцать мгновений весны» разошелся по стране не только в байках и анекдотах. Он вообще разобран любителями сериала покадрово, что называется, «по косточкам». И вот вам, читатель, лишь некоторые шероховатости, замеченные пристальными взглядами фанов сериала.

* * *

В поездке с пастором Шлагом Штирлиц слушает песню «Милорд» в исполнении Эдит Пиаф. Однако песня эта была написана лишь в 1959 году.

* * *

На вопрос «страхового агента», где была заключена страховка, Кэт отвечает: «На углу Курфюрстендамм и Кантштрассе». На самом деле эти улицы параллельны.

* * *

В сцене, где Штирлиц спит в машине, в заднее стекло видно, как проезжает советский грузовик ЗИЛ-130.

* * *

На правых рукавах мундиров Мюллера и Штирлица присутствуют нашивки в виде тонкого шеврона. Это отличительный знак «старых борцов», вступивших в НСДАП до ее прихода к власти в 1933 году. Штирлиц имел право на такую нашивку, однако Мюллер вступил в партию только 31 мая 1939 года.

* * *

Сотрудники гестапо и СД носят черную униформу СС образца 1934 года. Но она вышла из повседневного употребления к 1939 году и была заменена формой серо-зеленого цвета.

* * *

В сцене, где Кэт пытают, выкладывая ее ребенка на мороз, сначала видно, что на голове ребенка есть чепчик. Через некоторое время, когда ребенка показывают вновь, видно, что чепчика нет.

* * *

В Берне нет и никогда не было Цветочной улицы.

* * *

В сцене отправки телеграмм видно, что они пишутся на бланках «Международная телеграмма СССР» с замазанным чернилами гербом.

* * *

Летчик-курьер, которого Вольф отправляет с пакетом, садится в советский самолет Як-12, затем по полосе разбегается истребитель Мессершмитт Bf.109, а взлетает уже Фокке-Вульф Fw 190.

* * *

Сцена на аэродроме. Шелленберг встречает Вольфа. На аэродроме стоят Ан-2 со свастикой (выпускаться самолет начал с 1947 года). Сотрудники гестапо встречают Вольфа, стоя рядом с УАЗ-452 — «Буханкой».

* * *

Диктофон Siemens, которым пользуется Штирлиц в оперативной работе, на самом деле советский диктофон «Электрон-52Д» выпуска 1969 г. Он транзисторный (первый транзистор создан в 1947 г.), обеспечивает непрерывную запись в течение всего лишь 10 минут и, кроме того, не имеет встроенного громкоговорителя — слушать запись можно только через наушники.

* * *

Когда Штирлиц сжигал на кухне магнитную ленту с записями Клауса, дым и вонь должны были распространиться на весь дом, и Клаус бы это учуял. Вообще, магнитофоны того времени работали преимущественно с магнитной проволокой, а не с лентой.

* * *

Женщины в СС не служили, за исключением так называемых «Женских вспомогательных подразделений СС», которые имели собственную систему званий. Так что унтершарфюрер Барбара Крайн не могла иметь даже прототипа.

* * *

В кабинете Мюллера на стене висят советские часы «Слава», выпускавшиеся в 1970-х годах.

* * *

Штирлиц с Плейшнером прибывают в Швейцарию. Штирлиц идет к киоску, на котором написано «Журналы» — «Zeitschrifte». Правильно: «Zeitschriften».

* * *

В фильме мелькает неправильное написание слова «Птицы» (на лотке с птичьим кормом): «Fogel» вместо верного «Vogel».

* * *

Сцена проводов Штирлицем Кэт. На вагоне «38 Platze» — без умляута. Видна замазанная надпись по-русски «ТАРА 58 Т». Сами вагоны — хоть и немецкого производства, но выпускавшиеся специально для СССР на заводе «Аммендорф» в городе Галле (ГДР) в 1948–1996 гг. Модели вагонов, показанных в фильме, произведены не ранее конца 1960-х годов.

* * *

Спустившись со Штирлицем в «подвалы гестапо», Мюллер снимает с пояса и сдает дежурному крупный пистолет (предположительно Вальтер Р-38). Он должен был быть очень заметен под кителем, но ни в одном эпизоде этого не наблюдается.

* * *

Когда Штирлиц едет к связным, он по пути на Кепеникерштрассе якобы проезжает по Байройтерштрассе. На самом деле эта улица расположена далеко от района Кепеник и не могла находиться на его пути.

* * *

Автомобиль Штирлица — это две машины одной модели с мелкими, но заметными отличиями (у одной из них есть задний откидной багажник, у другой нет; по-разному выглядит рулевое колесо).

* * *

На лесной дороге Штирлица останавливает немецкий патруль. Штирлиц опускает боковое стекло, разговаривает с патрульным. Когда отъезжает — видно, что стекло поднято.

* * *

Штирлиц рисует шаржи на Геринга, Гиммлера, Геббельса и Бормана. Заметно, что на листках бумаги заранее намечены контуры персонажей.

* * *

В последней серии Штирлиц идет по ночному Берну. В витрине отражается неоновая вывеска «Гардинное полотно».

* * *

Пятая серия, 25-я минута. Штирлиц выходит из кафе, в окнах его автомобиля видна камера, оператор и его ассистент — женщина, одетая в свитер, и с большим браслетом на правой руке.

* * *

В кафе, где Штирлиц видел свою жену, часы на стене показывают время, не соответствующее времени по сюжету.

* * *

Из фильма неясно, к какой конфессии принадлежал пастор Шлаг. Пастор — это протестантский священник. Штирлиц говорил ему: «Если я предложу вам взорвать кирху (протестантская церковь), то вы же не согласитесь». Но пастор общается с католическими священниками как с единоверцами, и в документах гестапо написано, что пастор — католический священник.

* * *

В ванной Штирлица и в ведомстве РСХА — советская сантехника.

* * *

Штирлиц идет на встречу с Борманом, надев черные пластмассовые очки производства СССР 70-х годов.

* * *

Все персонажи носят костюмы, сшитые по моде 70-х.

* * *

Штирлиц записывает телеграммы из Центра и рисует шаржи на гитлеровских бонз фломастером. Эти карандаши появились в СССР только в начале семидесятых годов.

Актер милостью Божьей

Великолепный фильм «17 мгновений весны» словно замечательная, шедевральная симфония, прославляющая героизм и самоотверженность советских разведчиков. Актеры, сыгравшие в этой картине, — изумительный оркестр под управлением дирижера-виртуоза Татьяны Лиозновой. А неподражаемым солистом стал народный артист СССР Вячеслав Тихонов. За свою долгую жизнь — 81 год — он сыграл 78 ролей в кино и две в театре. Почти треть из этого списка — образы людей служивых, государственных. Поэтому для меня, военного в прошлом журналиста, он всегда представлял профессиональный и человеческий интерес отнюдь не своими многочисленными титулами да высокими наградами, включая и звание Героя Социалистического Труда. И я всегда мечтал написать о таком замечательном актере. А не получалось. Тихонов под различными предлогами отказывался дать интервью для военной печати. С некоторых пор вообще стал избегать нашего брата-журналиста. Попробовал я заручиться поддержкой его бывшей жены Нонны Викторовны Мордюковой, с которой находился в отличных отношениях. Так она даже слушать меня не стала: «Чтобы я ему позвонила? Да ни в жизнь! За тринадцать лет нашей совместной жизни он ни разу ко мне в больницу не приехал, самочувствием моим не поинтересовался. Цветочка никогда не подарил. А к ней (Тамаре Ивановне — второй жене. — *М.З.*) и ездил, и дарил. Мама моя часто повторяла: не будет у тебя, дочка, счастья с мужем, которого ты старше (на три года. — *М.З.*). Конечно, это все ерунда. Вся беда в том, что мы с ним душевными волнами не совпадали. Нет, не проси, не буду ему звонить».

Что правда, то правда. Тихонов был чрезвычайно сложным, неординарным человеком в жизни, в творчестве. И совпасть с амплитудой его душевных колебаний было дано не каждому. В том я убедился, как говорится, воочию. Ведь, в конце концов, благодаря усилиям Юлия Гусмана и тогдашнего его заместителя Виталия Пименова моя встреча с артистом все-таки состоялась в кабинете первого. Для начала я сколь мог деликатно поинтересовался: почему актер так категорично не желает общаться с прессой? И услышал в ответ, что все уже им говорено и переговорено. Ничего нового он сказать людям не в состоянии. А толочь воду в ступе полагает для себя унизительным. «Завтра на вашем месте будет сидеть другой журналист и задавать все те же однотипные вопросы.

А я не хочу делать вид, что мне они интересны».— «Но вот мне, к примеру, не сомневаюсь, и моим военным читателями очень хотелось бы узнать, что называется, из первых уст, почему народу так понравился ваш Штирлиц, в чем причина его устойчивого обаяния?» — «И я вынужден буду в который раз признаться: не знаю. Потому что на самом деле, когда мы снимали «17 мгновений весны», для меня то была всего лишь очередная роль, не более. Она стала мне дорога уже много позже, после того, как зрители в нашей стране и за рубежом невероятно тепло приняли фильм. Наверное, в Штирлице и есть какой-то секрет. Увы, мне он неведом».— «Сейчас я скажу вам банальность, но это же вы своей игрой привнесли в кинообраз некий ореол. Ну не мог же, согласитесь, секрет возникнуть на пустом месте. Может, вы больше, чем в иных случаях, трудились над психологическим рисунком роли или что-то другое предпринимали?» — «Ничуть. Работал как всегда. Меня можно обвинить в чем угодно, но только не в отсутствии добросовестности. Другой вопрос, что в процессе съемок иной раз возникало какое-то почти ощутимое напряжение от самоотверженной игры партнеров, от художественного антуража мизансцен. Но это я отношу на счет дарований своих коллег по профессии. С таким великим числом великих актеров мне никогда раньше не доводилось сниматься. Сказалась и невероятная творческая щепетильность Тани Лиозновой. Несмотря на то, что фильм — черно-белый, костюмы все шились с соблюдением мельчайших цветовых оттенков. Скажем, золотые и серебряные галуны для погон немецких генералов вышивались именно золотом и серебром. Еще одно немаловажное обстоятельство. В «17 мгновениях», может быть, впервые в нашем кинематографе враг не изображен ни монстром, ни даже саркастически. А Броневой в роли Мюллера и Шелленберг в исполнении Табакова вообще персонажи симпатичные. Мне говорили, не знаю, правда это или домыслы, что родные германского разведчика даже благодарили Олега Павловича за честную игру. Раньше такого точно никогда не наблюдалось. Наша идеология, похоже, не понимала простой, казалось бы, истины: унижая, уничижая противника, она тем самым низводила Великую Победу советского народа до уровня ничего не значащей стычки. А ведь победить гитлеровскую военную машину, самую мощную, кстати, за всю историю человечества, не смогла бы никакая другая армия мира, кроме советской. Равно как и никто в мире не мог переиграть немецкую разведку, кроме нашей».— «Вы бы сыграли еще в подобного рода фильме?» — «Нет. Я, наверное, вообще откажусь от любых съемок. Не хочется предавать себя и партнеров, не хочется делать что-то недостойное персонажей, которые уже сыграны. Не хочется падать — всеми предыдущими ролями планка поднята слишком высоко. Но куда важнее другое. Пришло новое поколение. У них, молодых, вкус изменился. У меня же пустота одна на душе от этих реклам — они не мне адресованы».— «Ходят упорные слухи, что «17 мгновений» будет колоризован — расцвечен...» — «Категорически не приемлю этого глупого ребячества. По мне так все фильмы о минувшей войне должны быть черно-белыми, так она трагична. Пусть Голливуд упивается своей клюквой. Нам, заплатившим за Победу столь огромную цену, этого делать не пристало».— «С молодости я занимаюсь изучением устного народного творчества — анекдотов. Смею поэтому утверждать, что Штирлицу по количеству народных баек принадлежит почетная «бронза». Вперед себя он пропустил только чукчей и евреев. Как вы относитесь к анекдотам о своем персонаже и о себе в том числе?» — «Признаться, подобное ранжирование для меня несколько необычно. А отношусь терпимо. Хотя, если честно, удовольствия мало испытываю, слушая одни и те же анекдоты по многу раз. Поневоле взял на вооружение методику Юрия Никулина. Когда спрашивают: вы слышали о себе вот такой анекдот, отвечаю: «От вас — впервые слышу».— «Говорят, что болгарская ясновидящая Ванга пеняла вам: «Ты почему не купил будильника, как просил тебя Юрий Гагарин?» — «Правда здесь лишь в том, что с группой болгарских коллег по кинематографу я действительно ездил в Петрич. Места там удивительно красивые на стыке трех границ: Болгарии, Греции и Македонии. А дальше — сплошное вранье. Ни о чем я ясновидящую не спрашивал, и мне она ничего не говорила. К тому же с Гагариным я был знаком шапочно. Мы даже обращались друг к другу на «вы».

И на том наша беседа закончилась. В кабинет Гусмана вошла дочь Тихонова Анна. Они с отцом пошептались, и артист, извинившись, заметил: как-нибудь в другой раз договорим. Другого раза, увы, не случилось. И поэтому, наверное, я лишь вскользь в одной из своих книжек упомянул о встрече с артистом Тихоновым. Почему-то мне всегда казалось, что если бы нас тогда не прервали, то я бы еще на многие откровения сумел-таки «раскрутить» Вячеслава Васильевича. А вот сейчас, взявшись писать о нем для «Вечерки» и сколько возможно пристально изучив творческую биографию выдающегося актера двадцатого века, понимаю: ничего бы я не добился ни тогда, ни позже. Попробую объяснить почему.

Тихонов служил своим искусством Отечеству и народу не за страх, не из корыстных побуждений, а, как и подобает глубоко порядочному человеку — за совесть. В отличие от некоторых коллег, он никогда не держал фиги в кармане по отношению к общественному строю и властям предержащим. И поэтому так называемую перестройку встретил не просто настороженно — почти враждебно, не приняв ее всеми фибрами своей души. Идеалы, в которые он верил по-настоящему, а не показушно, оказались растоптанными. Вдобавок то безвременье напрочь уничтожило театр и кинематограф. Знаковых, полнокровных и масштабных ролей не наблюдалось вовсе. Да и откуда им было взяться, если все вокруг хапали и продавали все, включая Родину. По воспоминаниям дочери Анны, продюсеры и режиссеры наперебой предлагали артисту воплощать на экране проворовавшихся шулеров, разнузданных депутатов, спившихся генералов. Тихонов брезгливо от них отказывался, хотя по тем шальным временам мог бы запросто озолотиться. Однако жил он анахоретом-отшельником и чрезвычайно скромно в материальном и бытовом планах.

За последние почти полтора десятка лет своей жизни Вячеслав Васильевич выступил лишь в нескольких картинах. В ленте Никиты Михалкова «Утомленные солнцем» у него была проходная роль. В 1998 году вышел фильм-гротеск Сергея Урсуляка «Сочинение ко Дню Победы». Там Тихонов в компании Михаила Ульянова и Олега Ефремова сыграл ветерана-фронтовика, шокированного происходящим в новой России и улетающего с боевыми друзьями за штурвалом на самолете, который неизвестно куда проследовал, где и когда приземлится. В те же годы артист «тряхнул стариной» (по мнению критиков, весьма удачно) в фильме Дмитрия и Игоря Таланкиных «Бесы» по роману Ф. М. Достоевского. В 2002 году по просьбе дочери снялся в триллере своего зятя, режиссера Н. Вороновского «Глазами волка». Последней его киноролью стал Бог в претенциозном, как и все, что поставил Эльдар Рязанов без своего напарника Эмиля Брагинского, фильме «Андерсен. Жизнь без любви». Судя по всему, ни одна из перечисленных работ (несколько мелких вообще не в счет) не принесла взыскательному творцу ни профессионального, ни человеческого удовлетворения. У Михалкова он снялся как у приятеля и соседа по даче, поддержав амбиции последнего своим именем. Урсуляк подкупил актера, что называется, «горячей», животрепещущей темой. Дочери отец просто не смог отказать. А Рязанов, известно, хоть мертвого уговорит. Хотя зная наверняка, что Эльдар Александрович выступит в фильме автором, продюсером, режиссером и актером, можно было априори не сомневаться: снимет он очередную «лабуду и голубую муть». Таким образом, кризис в стране совпал по синусоиде с личным творческим кризисом актера. Однако стенать, упиваться тем и другим, а уж тем более жаловаться «пожелтевшим СМИ» на свою «судьбу горемычную» не входило в базовые установки высоконравственного творца. Он был выше этого.

По свидетельству как раз «перестроившегося» Сергея Соловьева, автора чумовой «Ассы», Тихонов «решительно осуждал новое время. Он даже отказался вести актерскую мастерскую во ВГИКе!» Странное, однако, удивление режиссера. По мне так поступок Вячеслава Васильевича вполне логичен. Если у тебя на душе нет радости, а ее у прославленного артиста как раз не наблюдалось, то чем же он мог поделиться с молодыми? Преступив здесь через себя, он бы себя и предал. Кто угодно другой горазд был на такие поступки, только не порядочный и высокоморальный Тихонов.

Вдобавок Вячеслав Васильевич категорически не принимал массового, повального увлечения СМИ смакованием личной жизни актеров, того, что на Западе еще с придыханием именуется Private Life. Меня друзья настойчиво предупреждали: задашь ему вопрос про покойного сына и можешь собирать манатки — на этом ваше общение закончится. Конечно, смерть сына-первенца Володи стала вечно саднящей душевной отцовской раной. Говорят, что Тихонов до самой кончины корил себя трагической гибелью сына, тем, что не сумел его уберечь от наркозависимости. Актриса Лариса Лужина утверждает: «Он очень тяжело переживал потерю сына. Так и говорил мне: «Считаю себя виноватым в том, что Володя рано ушел из жизни». Он же не мог постоянно заниматься его воспитанием. И горестно переживал, что после развода сыну не хватило отцовского пригляда». Могила Володи на Кунцевском кладбище действительно была единственным местом, куда Тихонов изредка выезжал из своего дачного аскетического жилища.

Таким образом, вполне закономерно, что на вопросы друзей: «Как дела?» — Вячеслав Васильевич неизменно с грустью отвечал: «Никак. Доживаю свой век». Это определенно была трагедия актера, но и ее он не намеревался обсуждать с кем бы то ни было. Те самые его высоконравственная щепетильность и порядочность, о которых здесь уже говорено, как нельзя лучше характеризуются и следующим примером.

В 2008 году начал сниматься телесериал «Исаев» о молодости Штирлица. Сергей Урсуляк решил пригласить 80-летнего Тихонова на роль отца Исаева. Они встретились, как добрые знакомцы. Долго говорили о предстоящем фильме. И под конец режиссер согласился с доводом великого актера: негоже хотя бы отдаленно, хотя бы косвенно, пусть из самых лучших творческих побуждений эксплуатировать хрестоматийную роль Исаева-Штирлица.

Только откровенно, дорогой читатель, ну кто бы из вам известных актеров на сегодняшний день был бы способен на подобное потрясающее самоограничение? Или кто бы мог столь решительно и определенно отказаться от прекрасной легенды, связанной с Вангой и Гагариным, так забойно работающей на «имидж и славу Тихонова Славы»?

К слову, незадолго до кончины Тихонов увидел премьеру сериала «Исаев» по телевидению, которая состоялась в октябре 2009 года. Об исполнении роли молодого Исаева актером Даниилом Страховым сказал, что артист, хотя советов и не спрашивал, но на него похож, и это приятно.

А через неделю его госпитализировали в ЦКБ. Сделали операцию на сосудах. Все прошло штатно, и врачи надеялись на лучшее. Однако у больного отказали почки. Пришлось подключить к гемодиализу, а затем и к аппарату искусственной вентиляции легких. Как заявил врач-кардиолог А. Леонов, «свою роль сыграли и одиночество актера, и отсутствие должного ухода за ним». 4 декабря Вячеслав Васильевич Тихонов тихо скончался. Состоялось его отпевание в Храме Христа Спасителя. В Доме кино прошла гражданская панихида. В этот же день актер был похоронен на Новодевичьем кладбище.

...Все проходит, и все забывается. Нисколько не сомневаюсь, что в каком-нибудь очень отдаленном Тьмутараканске найдется вдруг человек, вовсе ничего не ведающий о великом актере. И на голубом глазу он удивится: «Да не знаю я никакого Тихонова!» И тогда болезного, как щелчком по лбу, следует огорошить: «Ну, как же, неужели ты не знаешь артиста, который сыграл Штирлица?»

И все. Можете быть на сто, на двести и даже на триста процентов уверены, дорогой читатель, что на всем безбрежном постсоветском пространстве не существует взрослого индивидуума, находящегося в здравом уме и твердой памяти, который не назвал бы фамилию артиста, создавшего образ бессмертного, великого, непревзойденного разведчика всех времен и народов Максима Максимовича Исаева — Отто фон Штирлица, на фоне которого Джеймс Бонд всего лишь самодовольный фанфарон и хамоватый задира.

С тех пор, как на земле существуют государства, они друг за другом шпионят. Так было всегда и так будет. И в этой достаточно сложной, щепетильной и нервно-непрерывной войне-работе есть свои признанные герои и мастера, как выдуманные, литературные (тот же Джеймс Бонд, к примеру), так и вполне конкретные исторические личности (Филби, Абель, etc.). Все они скопом, однако, — ефрейторы перед этим маршалом, нет, генералиссимусом разведки.

Вообще, вы задумывались когда-нибудь, дорогой читатель, над следующими вопросами. Почему, например, конкретный актер Тихонов, сыгравший очень много вполне замечательных и где-то даже блестящих ролей (чего стоят хотя бы Андрей Болконский из «Войны и мира», Матвей из «Дело было в Пенькове», учитель Мельников из «Доживем до понедельника», Иванов, хозяин Бима, из «Белый Бим Черное ухо»), так слился, сросся, просто переплавился в измышленного киноперсонажа фон Штирлица? Во всяком случае, после «17 мгновений весны», что бы уже Тихонов ни играл, для всех он всегда оставался только Штирлицем. Соседи даже о матери его говорили не иначе как: «Вона, мама Штирлица пошла». Да и первая жена Нонна Мордюкова никак по-другому не выражалась, кроме как: «Когда мы еще жили со Штирлицем...». Ну что вы хотите, если его попугай встречал гостей криком: «Ромочка — Штирлиц!» Ну и как же так случилось, что телевизионный фильм о советской разведке, которая никогда не была обойдена вниманием отечественного кинематографа, стал вдруг феноменальным явлением нашей культуры? Ведь это же факт, что во время первой демонстрации «17 мгновений...» города и веси СССР пустели. Да и при последующих многочисленных показах фильма «по ящику» зрительской аудитории не убывало. Наконец, почему именно Штирлиц вдруг стал героем несметного количества анекдотов? Причем Тихонов — единственный в мире актер, о герое которого (не только о нем самом!) сочинено такое огромное количество баек.

Разумеется, после всего сказанного было бы верхом наивности, если не наглости, предлагать собственные ответы на поставленные вопросы за истину в последней инстанции. Но порассуждать вокруг них, право же, не грех. И начну с того, что мы мало знали собственную правдивую историю. Вместо нее потребляли расхожие мифы на все случаи жизни. Так, революция, гражданская война, коллективизация, индустриализация и даже Великая Отечественная война — все превращалось в мифы, легенды. А мифы не бывают без героев. И поэтому революционным героем стал Максим в исполнении замечательного Чиркова, героем гражданской — Чапаев, блестяще сыгранный Бабочкиным. Первое место в легенде о Великой Отечественной войне по праву принадлежит бойцу невидимого фронта Исаеву-Штирлицу, которого в высшей степени великолепно воплотил Тихонов.

Сказанное вовсе не значит, что в том, другом, третьем и во всех прочих случаях не было иных достойных героев, которых бы хорошо играли другие артисты. Чем плох, к примеру, фильм «Подвиг разведчика» и Кузнецов-Кадочников там? А Банионис в «Мертвом сезоне»? Но все это лишь хорошие герои и хорошая игра. Чирков, Бабочкин и Тихонов воплотили своих персонажей в предложенных условиях так называемого социалистического реализма почти что гениально, потрафив при этом и вечно подозрительному, недовольному агитполитпропу, и нам смертным, им воспитанным. То есть эти творцы в высшей степени капитально отшлифовали и залакировали легенду, превратив ее в сияющий монумент.

Тот же Тихонов ведь не просто показал работу и приключения разведчика, какими они были или хотя бы могли быть по жизни. Нет, он воссоздал, по существу, голубую мечту, сказку о том, какой нам (и высшим партийным руководителям, и простым советским обывателям) хотелось бы видеть собственную разведку.

Ну, согласитесь, кому из нас не польстит то, как тонко, изящно, да что там скромничать — артистически обводит Штирлиц вокруг пальца всех высших бонз ненавистного рейха? Сидя конкретно перед «ящиком» и наблюдая за невероятными похождениями бравого шпиона Штирлица, который практически в одиночку завершил войну победой, мы ведь меньше всего задумываемся над тем незамысловатым обстоятельством, что если у нас были т а к и е разведчики, то почему же мы потеряли в той войне около тридцати миллионов соотечественников? А такова магия и сила настоящего искусства, что о сермяжной жизни, столкнувшись с ним, не вспоминаешь. Ну, а то, что режиссер Татьяна Лиознова, собрав потрясающий актерский ансамбль (Плятт, Евстигнеев, Дуров, Гриценко, Табаков, Лановой, Гафт, Светличная, Куравлев, Визбор, Броневой), создала настоящее произведение искусства, доказывать, по-моему, излишне.

Но вот звучит финальная задушевная и замечательная песня фильма о мгновениях, которые свистят, как пули у виска (Таривердиев, Рождественский, Кобзон). Гаснет экран телевизора, и бывшие советские люди остаются один на один со своими проблемами, которых не стало меньше, а, наоборот, прибавилось с тех пор, как мы победно завершили Великую Отечественную войну. И что же людям остается делать? А заниматься тем, чем они всю жизнь занимались в годы советской власти и после нее: сочинять анекдоты о своем незаладившемся бытии, используя в них знаковые, всеми узнаваемые, даже полюбившиеся фигуры. Штирлиц-Тихонов — в их числе, наряду с Чапаевым, Лениным, Дзержинским, Сталиным, Хрущевым, Брежневым, Горбачевым, Чукчей...

Отечественный анекдот всегда выполнял и до сих пор выполняет весьма важную общественную страхующую функцию: он как бы восстанавливает нормальный ход вещей, снимая идиотизм, дебильность и безудержную идеологическую эйфорию с явлений, событий, поступков, словом, со всей нашей горемычной жизни, прошлой и настоящей. В этом смысле все народные байки о Штирлице всего лишь добродушное приземление любимца, вознесенного заидеологизированным искусством кино на недосягаемые здравому смыслу высоты.

Ну не было и быть не могло у нашей разведки резидента, даже приблизительно напоминающего Исаева-Штирлица. Весь он от начала и до конца выдуман способным Юлианом Семеновым, поставлен талантливой Татьяной Лиозновой и сыгран гениальным Вячеславом Тихоновым. Именно сыгран, несмотря на слабую литературную первооснову. Его молчаливые потрясающие паузы по праву изучаются во ВГИКе. И спасибо ему за это. А к хорошей выдумке почему бы не присочинить свою веселую, парадоксальную и искрометную байку, где Штирлиц выйдет сухим из любой воды. Вот и множатся анекдоты о разведчике. По моим подсчетам, их уже несколько тысяч. И в обозримом будущем процесс этот ни в коем случае не прекратится. Слишком симпатичный и удачливый герой получился. Такому любое анекдотическое дело по плечу. Было, есть и пребудет.

* * *

«Все свободны. А вас, Штирлиц, я попрошу остаться, — привычной скороговоркой пробубнил Мюллер. И, дождавшись, когда они останутся одни, продолжил, страдальчески массируя затылок: — Послушайте, Штирлиц, я давно хотел вас спросить: что вы там все время выкладываете из этих ваших спичек?» Штирлиц смешал ладонью спички на столе и прямо посмотрел в глаза Мюллера: «Видите ли, — не отводя взгляда, сказал он, — рейхсфюрер поручил мне к очередной годовщине нашего тысячелетнего рейха выложить из спичек слово «ВЕЧНОСТЬ».— «И что — получается?» — живо заинтересовался Мюллер. «Как вам сказать? — замялся Штирлиц. — Пока получается не совсем то».— «Ах, оставьте, Штирлиц! — поморщился Мюллер. — Что вы все время подставляетесь, провоцируете. Я тоже знаю этот старый русский анекдот. Стыдно, Штирлиц! Идите». И, не удержавшись, добавил: «И вообще, Штирлиц, я бы попросил вас купить, наконец, зажигалку, как у всех нормальных штандартенфюреров. Выбросьте вы эти дурацкие дешевые спички!» — «Вам не нравятся? — удивился Штирлиц. — А по-моему, красиво, символично и надежно», — задумчиво пожал он плечами, разглядывая спичечный коробок фабрики «Гигант» с яркой этикеткой «Бей фашистов!»

* * *

Гитлер звонит Сталину:

— Ваши люди случайно не брали у меня из сейфа секретные документы?

— Сейчас выясню.

Через ОГПУ, НКВД, Алекса вождь связывается со Штирлицем:

— Товарищ Штирлиц, ви брали у Гитлера из сэйфа сэкрэтные докумэнты?

— Так точно, товарищ Сталин, брал!

— Ну, так и положитэ на мэсто, человек валнуетца!

* * *

Штирлиц очень аккуратно потушил окурок об урну. Но наблюдатели это заметили и вывели его из избирательного участка.

* * *

Штирлиц проснулся в тюремной камере. Размышляет: «Если войдет немецкий охранник, скажу, что я — Штирлиц, если советский, скажу — полковник Исаев». Входит милиционер и говорит:

— Ну и нажрались вы вчера, товарищ Тихонов!

* * *

Кэт строила Штирлицу глазки. Штирлиц с трудом их опять сдвоил.

* * *

Фюрер и Муссолини беседуют. В комнату врывается Штирлиц. Молча открывает фомкой сейф, достает документы и начинает их фотографировать. Дуче удивленно спрашивает:

— Кто это?

— Русский разведчик полковник Исаев.
— Почему же вы его не арестуете?
— А толку? Все равно ведь отвертится.

* * *

Штирлиц вышел из дома и увидел, что Плейшнер о чем-то оживленно разговаривает с дворником. «С утра нажрался профессор!» — подумал Штирлиц и отогнал Плейшнера от своей машины.

* * *

Гиммлер вызывает своего любимого сотрудника.
— Назовите двузначное число.
— 45.
— А почему не 54?
— Потому что 45!
Гиммлер пишет в характеристике: «Характер нордический». Вызывает следующего. Тот называет 28.
— А почему не 82?
— Можно, конечно, и 82, но лучше 28.
Гиммлер фиксирует: «Характер приближающийся к нордическому». Вызывает следующего, слышит — 33.
— Но почему не... А, это вы, Штирлиц.

* * *

Утром Штирлиц выглянул в окно. На деревьях уже появились первые почки. «Опять Мюллер всю ночь зверствовал», — с тоской вздохнул Штирлиц.

* * *

Мюллер вызвал Штирлица и спросил:

— Где мы могли с вами встретиться?

— Может быть, в Испании в тридцать шестом?

— Нет, раньше.

— Может, в Китае, в двадцатых?

— Нет, еще раньше.

— Тогда не знаю.

— Ну что же ты, Петька!

— Василий Иванович!

* * *

— Штирлиц подошел к Холтофу сзади и подумал: «Сейчас мы его немножечко попугаем». И что есть мочи долбанул Холтофа по голове гипсовым попугаем.

* * *

— Сколько будет дважды два? — спросил Мюллер.

Штирлиц глубоко задумался. Он, конечно, знал, сколько будет дважды два, ему об этом недавно сообщили из Центра. Но он не был уверен, знает ли об этом Мюллер. И если знает, то кто ему сказал? Может быть, Кальтенбруннер? Тогда переговоры с Даллесом точно зашли в тупик.

* * *

Штирлиц уже начал засыпать, когда в дверь его квартиры постучали. «Потом окончательно засыплю», — подумал он, накрывая аппарат и пряча сахар-рафинад.

* * *

Конец войны. В рейхстаге все пьяны. Гитлер тоскливо бродит по кабинетам, но никто на него не обращает внимания. Заходит к Штирлицу.

Тот вскакивает:

— Хайль Гитлер!

— Да ладно, Максимыч, не подье...вай!

* * *

Штирлиц приготовился к бою. Но пришла герл.

* * *

— Штирлиц, вы — еврей?

— Что вы, Мюллер, я — русский.

* * *

Гестапо обложило все выходы, но Штирлиц вышел через вход.

* * *

Штирлиц знал, что война закончится, но не знал только где.

* * *

Штирлиц стрелял из двух пистолетов по очереди. Очередь быстро редела.

* * *

Штирлиц выстрелил Мюллеру в затылок. Пуля сплющилась. «Броневой», — подумал Штирлиц.

. . . .

Василий Лановой: «Театр всегда окрыляет»

Помните, читатель, в фильме «Офицеры» генерал-полковник Иван Варрава дарит пацану-суворовцу свою парадную фуражку? Увы, но Андрей Громов, игравший Ивана Трофимова, не связал свою судьбу с армией, чего бы многим из нас хотелось. Не подался он и в артисты, несмотря на то что снялся в четырех фильмах и притом в главных ролях. А вот очень достойным человеком стал. После окончания МГИМО защитил диссертацию. Как экономист-международник находится на дипломатической работе при ООН. У него — сын и дочь. Разумеется, это — чистая случайность. В том смысле, что никакой связи нельзя наблюдать между судьбой конкретного Громова и тем обстоятельством, что в далеком детстве он играл в культовой картине с народным артистом СССР Лановым. Хотя тоже, как сказать. Когда я поведал приятелю об этом факте, он справедливо заметил: с кем поведешься, от того и наберешься. Однако железной закономерностью можно полагать то, что именно Василий Семенович, а не кто иной создал образ легендарного офицера, генерала всего Советского Союза. И тысячи, если не миллионы юношей избрали профессию — Родину защищать именно после того, как посмотрели этот в высшей степени патриотически содержательный фильм. Как не случайно именно Лановой сыграл когда-то революционного романтика Павку Корчагина и просто романтика Артура Грея. Подобных случайностей в искусстве просто быть не может. Потому как речь мы сейчас ведем об артисте от Бога и одновременно воистину народном артисте — достоянии отечественной культуры. Он с непременным успехом и потрясающей достоверностью воплотил на экране графа Вронского, Феликса Дзержинского, обергруппенфюрера Карла Вольфа, императора Константина Багрянородного, Юрия Андропова, кардинала Ришелье, офицеров милиции и бывшего летчика Вадима Алтунина. Он жизнью своей наполняет собственные образы.

Про театр уже не говорю. В своем родном академическом имени Е. Вахтангова Василий Семенович трудится без малого шесть десятилетий! То есть как сделали ему после Щукинского училища запись в трудовой книжке, так она больше не менялась. («А что кино?

Александр Птушко для «Алых парусов» перебрал 104 актера, прежде чем на мне остановился. Так ведь и откровенно признался: «Меня интересуют в вас только ваши внешние данные». Понимаешь, кинематограф пользовал в основном лишь мою фактуру. И вообще любые съемки только опустошают. Зато театр всегда окрыляет. Наш великий учитель Евгений Вахтангов не зря утверждал: театр должен уметь «делать лица». Играть надо все — от трагедии до водевиля».)

На собственно фактуре Ланового есть резон остановиться подробнее хотя бы потому, что примерно с начала шестидесятых и до середины восьмидесятых в Советском Союзе никто по столь специфической части актеру не составлял конкуренции. Характерна в этом смысле дискуссия, в которой привелось однажды участвовать автору сих строк. Моя приятельница, пылкая и давняя почитательница таланта Ланового, призналась: «Вася Высочество (так его доныне называют все воздыхательницы) — самый красивый артист в стране, и я бы многое отдала, чтобы ему отдаться!» — «Симпатичный, — говорю ей с ехидцей, — у тебя получился каламбурчик. Но неужели Семеныч, по-твоему, красивше будет Сергея Столярова или Олега Стриженова?» — «Да никакого сравнения! — возмутилась дама. — У первого красота лубочная, у второго — революционная. А Васичка — просто красавец на все времена!»

Это, так сказать, мнение «слабой половины» тогдашнего советского народа. А вот и признание (пусть тоже неординарное, даже на грани фола) корпоративного артистического сообщества. Известный этапный и классический спектакль «Принцесса Турандот» был восстановлен Рубеном Симоновым в период «оттепели». Роль принца Калафа исполнял Василий Лановой, принцессы Турандот — Юлия Борисова, а Масками были: Николай Гриценко (Тарталья), Михаил Ульянов (Бригелла), Юрий Яковлев (Панталоне), Максим Греков (Труффальдино). Это, кстати, единственная версия легендарного спектакля, снятого отечественным телевидением. В отличие от трактовки Вахтангова, актеры здесь играли не страсти своих героев, а ироническое отношение к ним. Абсолютная серьезность снималась и интермедиями масок, которые комментировали происходящее в подчеркнуто современном духе, что открывало широкие возможности для импровизации. И вот Гриценко пылко, с надрывом произносит: «Семен Михайлович Буденный — Василь Семеныч Лановой. / Один рожден для жизни конной; другой — для жизни половой!»

Уже на следующий, после премьеры, день театр Вахтангова штурмовала тысячная толпа завзятых театралов, жаждавших услышать невероятную оценку таланта молодого актера, как бы перечеркивающую архаичное утверждение о том, что в СССР секса нет и в помине. Но и до тогдашнего министра культуры Фурцевой долетела реплика Николая Олимпиевича. Екатерина Алексеевна пришла на спектакль, убедилась в «вахтанговском непотребстве» и властно ликвидировала его. Как министру казалось — навсегда. Однако «обиженная» реплика ушла в народ и теперь считается ничьей анекдотической театральной прибауткой.

Но все это сказ о сугубо внешних данных Ланово-го. Да, природа и отец с матерью с потрясающей щедростью наградили актера симпатичным ликом, статью ладной и пригожей — всегда спина как струна и взор орлиный. Василий Семенович и в свои восемьдесят запросто взбежит по лестнице и без напряга наденет любой из сценических костюмов собственной театральной молодости. А ведь есть же еще и его чудный голос — уникального, неповторимого тембра. Как-то известный артист-пародист написал: «Смотри: ни бе, ни мэ, а вот читает Мериме».

Пародия эта появилась исключительно из-за элементарной зависти. К ее автору я, кстати, очень хорошо отношусь, равно как и разделяю о нем мнение Сергея Михалкова: «Валя, когда пишешь эпиграмму, то не рой другому яму». Так вот Валентину Гафту лопнуть, треснуть, наизнанку вывернуться, но никогда не дотянуться до того высочайшего уровня мастерства, которым владеет Лановой. И Пушкина, Маяковского, Шевченко, Шота Руставели, того же Мериме никому так не прочитать со сцены, как это делает Лановой. Потому что для этого как минимум нужно иметь его завораживающий голос; владеть отточенностью его дикции, присущей сейчас, увы, очень невеликому числу исполнителей; своеобразной, ни на кого не похожей манерой чтения, гармонично сочетающей высокий поэтический «штиль» и мягкий, умный юмор. Все вышеперечисленное и еще многое такое, что и словами-то передать трудно, есть у Василия Семеновича и никогда не будет у пародиста. Ну, да Бог с ним, с пародистом. О другом скажу. Немногим из читателей, наверное, известно, что Василий Лановой озвучил документальную киноэпопею «Неизвестная война» (в русском варианте «Великая Отечественная»), подготовленную американцами, где дублировал ведущего — выдающегося актера Берта Ланкастера. И получил за это Ленинскую премию. Не знаю более случая, чтобы актера отмечали столь высокой наградой не за созданные им роли, а именно как мастера художественного слова. Вот тебе «бэ», «мэ» и Мериме.

...С Василием Семеновичем Лановым автора сих строк долгие годы (38 лет!) связывают очень хорошие отношения. Дружескими назвать я их не решусь хотя бы потому, что однажды услышал от земляка: «Я уже нахожусь в таком возрасте, когда друзей не приобретают. Все чаще думаешь о том, чтобы они не уходили». И тем не менее повторяю, Лановой всегда очень замечательно и внимательно ко мне относился: выступал по моей просьбе в «Красной звезде», приходил к нам на редакционные посиделки, никогда не отказывал мне в интервью (я написал о нем добрых два десятка материалов). Однажды в Доме актера имени А. Яблочкиной вел его творческий вечер. Часто я посещал его спектакли, бывал в его квартире на Суворовском, 17. В наших беседах «не для печати» артист всегда выказывал подкупающее остроумие, веселость и откровенность, которой многие его коллеги избегали по причине боязни «как бы чего не вышло». А Лановой — человек мужественный, смелый, чрезвычайно независимый в своих суждениях. И вместе с тем он мудрый публичный деятель, прекрасно отдающий себе отчет в том, что значит для людей слово, им молвленное. Поэтому вы, читатель, никогда и нигде не встретите его праздного трепа, для публики, для паблик сити, паблик рилэйшнз или как там еще говорят про пиар и саморекламу. Вы вообще никогда не увидите Ланового, что-то, где-то, кому-то рекламирующего. Даже в самые трудные «горбачево-ельцинские лихие» девяностые годы, когда в столичных магазинах продавались только банки с «хмели-сунели», а Василию Семеновичу вместе с Ириной Петровной Купченко приходилось обучать двух сыновей, он натурально брезговал любой рекламой. Примерно те же чувства испытывал всегда к Горбачеву и Ельцину, что есть лучшее, неоспоримое доказательство его патриотизма и любви к Отечеству. С Лановым и просто так интересно общаться, поскольку интеллект у артиста существенно превышает средний уровень его коллег по цеху. Наверное, и потому, что он с детства — завзятый книгочей. А еще Василий Семенович исповедует нынче напрочь забытую творческую истину: любой, даже самый малый клочок роли следует пахать и окучивать его до седьмого пота, если хочешь получить вожделенный урожай. Другими словами, даже представить трудно ситуацию, чтобы Василий Семенович, играя, предположим, Джорджа Бернарда Шоу в «Милом лжеце», ограничился для этого только лишь текстом пьесы американского посредственного журналиста Джерома Килти. Или чтобы ему, скажем, кто-то подбирал поэтические произведения для его собственных творческих вечеров. Кстати, в отечественном актерском сообществе никто лучше Ланового не знает творчества Пушкина, равно как и других поэтов, чьи стихи он читает для публики.

— Василий Семенович, вопрос почти риторический, и тем не менее вы не ощущаете себя со своим невообразимо громадным творческим багажом белой вороной среди современных теле- и театральных звезд?

— Среди них я себя никак не ощущаю, поскольку не отношусь к ним. То, что ты называешь «звездами», на самом деле голый продукт современного шоу-бизнеса. Ловкие люди зарабатывают огромные деньги, усиленно при этом изображая себя благодетелями. Ну как же — «звезд» они, видите ли, выращивают. Меж тем воспитать профессиональных служителей искусства эти дельцы не могут в принципе. Зато калечат всех, без разбору. Хуже всего, что мальчики и девочки, попавшие в развлекательный бизнес, — некоторые из них не без способностей, — всерьез убеждены, что они что-то из себя представляют. Отсюда пренебрежение к традициям отечественного искусства, к накопленному веками опыту, к постоянной и целенаправленной работе в профессии вообще и к самообразованию, самовоспитанию в частности. А настоящего актера может сделать только театральный вуз, та самая традиционная «школа», а отнюдь не частое мелькание в телебалаганах. Но, увы, определяющая тенденция, признак шизанутого времени нынче таковы, что во главу угла ставятся быстрые деньги и быстрая слава, а отнюдь не талант и трудолюбие. Сегодня на сцену или съемочную площадку выходят не ради служения высоким идеалам (большинство из современных «звезд» и слова-то такого — «идеалы» — не знают), а ради сиюминутного успеха, добытого любой ценой — обнажением телесным и нравственным: матом, кощунством, пошлостью, бесчестностью. Мы в молодости тоже не страдали заниженным самомнением. На первом курсе были абсолютно убеждены: можем сыграть все, что угодно. И первая известность кружила, пьянила наши головы. Зато к четвертому курсу мы начинали понимать, как мало еще умеем. А с приходом в театр «головокружение от успехов» и вовсе проходило. Ну что ты хочешь, если я почти шесть лет выходил на сцену только в массовках и эпизодах, хотя в кино сыграл уже и Павку, и Грея.

Видишь ли, приход в Россию капитализма увеличил ассортимент, но параллельно количество пользователей этого ассортимента сократилось. Таковы печальные факты. А главное трагическое несчастье, которое принес нам капитализм, — это, безусловно, уменьшение духовности. Польза, польза, польза! Деньги, деньги, деньги! Руси это было несвойственно, она никогда не была меркантильна, а теперь невольно ловишь себя на мысли: раньше я бы сел и читал, а сегодня надо бежать на концерт, еще на один. До перестройки такого не было: мы жили, словно в заповеднике. Будущее всегда представлялось нам, если и не светлым, то спокойным — точно. 140 рублей пенсии — этого же с лихвой хватало! Старики еще и откладывали себе на смерть. А сейчас страх перед завтрашним днем во сто крат усилился. И с увеличением потребительства духовность в геометрической прогрессии уменьшается. Не зря американские философы всерьез говорят, что потребительство будет последним гвоздем, вбитым в гроб цивилизации. Они рассчитали, что жить ей осталось лет 500–600.

— Хорошо знаю вашу биографию. Но попрошу вас вспомнить свое нелегкое детство, юность, потому что я пересказать их так же интересно, как вы, все равно не сумею.

— Все мои родичи с отцовской и материнской стороны были крестьянами села Стрымба, Кодымского района Одесской области. Они там пахали землю, занимались животноводством. На все село было всего три-четыре фамилии: Лановые, Якубенки, Дундуки. Каждое лето из Москвы мы обязательно ездили к бабушкам с дедушками. 20 июня 41-го года мама отправила нас, троих детей, с проводником: младшей сестре было четыре, мне — семь, старшей — десять лет. А сама должна была приехать через пару недель — провести с нами отпуск. К осени мы бы вместе вернулись домой. 22 июня, в четыре утра, мы сошли с поезда на станции Абамеликово. Уже светало. И вдруг услышали гул, словно непрерывный гром, а потом увидели сотни самолетов. Эта армада летела бомбить Одессу. Люди взрослые — это я отчетливо помню! — мгновенно стали очень серьезными. Мы три километра от Абамеликова топали, и за всю дорогу никто не молвил даже слова. Так началась для меня война. Мамка не приехала ни через месяц, ни через год, ни через два, ни через три. Абсолютный обрыв: родители остались в Москве, мы — в селе. Они не знали, что с нами, а мы не представляли, что с ними. Отцовские дедушка с бабушкой вскоре один за другим померли, а вот со стороны матери остались в живых — к ним мы и переехали. Где-то к весне 43-го — в то время у нас румынские части стояли — я впервые от румын услышал слова «Сталинград» и «Гитлер капут». Правда, ничего по малолетству не понял. Но трудился как взрослый: пас колхозных коров (румыны не ликвидировали советских колхозов). Каждое утро я на лошади гнал стадо в поле, а вечером возвращался в село. Спустя годы, когда я ловко гарцевал верхом в ролях Павки Корчагина, графа Вронского, комэски Вараввы, меня часто спрашивали: «Где ты этому научился?» И я вспоминал добрым словом дедово напутствие: «Ось тобі кобилка, Василю. Як поїздиш на ній голою сракою без сідла, то й навчишся. А потім колись тобі це згодиться».

В начале войны у деда квартировал толстый немецкий майор. Он то и дело показывал фотографии своих троих детей и плакал. Как-то, расчувствовавшись, подарил мне немецкий пояс — дуже гарний такий пасок для семирічного хлопчика. Иду я, им перепоясанный, по току, и вдруг рядом немецкая машина притормозила. «Ком хер, ком хер!»– позвал солдат. Я подошел, а он показывает: дескать, отдай ремень. Я заупрямился: «Не-е, мне подарили». Он взял автомат и выпустил над моей головой веером семь очередей. Я рухнул на землю от испуга, а он весело заржал. Долго потом я заикался, даже, пардон, мочился. После того как мама забрала нас в Москву, меня достаточно быстро, года за полтора, вылечили. Это было похоже на волшебство. Врач спросила: «Агафья Ивановна, ваш сын украинские песни знает? Вот пусть с утра до вечера их и поет». Я так и делал. Кстати, избавиться от украинского акцента было ничуть не легче. Пришлось бороться и с ним. И это было трудно, поскольку с мамой я розмовляв виключно рідною мовою. К тому времени уже студент, я твердил ей: «Мам, мне это вредно». Педагоги тоже были мной недовольны, укоряя: «Вася, у вас очень сильные южные украиноиды». Я сейчас иногда смотрю свои старые ленты и эти интонации слышу: «Да что вы такое говорите? Та не-е, перестаньте! Та не может этого быть!» Они и в «Аттестате зрелости» есть, и в других фильмах...

Одессу освободили 10 апреля 1944 года, а через пару недель в село со своей дивизией вошел Ковпак. Я хорошо помню, как наши отступали: поодиночке брели, раздробленными группками, напуганные, Бог знает как одетые. Ковпаковцы тоже были одеты кто во что горазд — в телогрейках, в немецкой форме, в каких-то рваных штанах, а то и с женскими юбками, намотанными на головах, хотя в конце апреля уже тепло, но было ясно, что это даже не дивизия, а партизанская армия. Два человека несли длинные противотанковые ружья — зрелище потрясающее! Через наше село они направлялись в Абамеликово, где стоял бронепоезд.

Впервые я увидел наших бойцов, когда набирал из копанки воду в гладущики (это такая глиняная посуда). Была весна, прутики еще голые торчали. Смотрю, там, где вода стекает в болото, в кустах сидят люди. У одного слезло маскировочное покрывало и сверкнула звезда. Я обомлел! А солдат, заметив меня, палец к губам приложил: «Тс-с-с!» Я тут же рванул к деду: «Там наші прийшли».— «Дэ?»— «Біля копанки».

Что мне особенно запомнилось. Когда наши отступали, дед стоял у плетня и приговаривал: «Тю-ю... Хана москалям». А потом, когда Красная Армия устремилась на запад, он так же вслух удивлялся: «Тю-ю, ти диви... Хана німцям».

... В Москве мои родители трудились на заводе чернорабочими. У отца Семена Петровича было за плечами всего два класса церковно-приходской школы, мама грамоты не знала, расписывалась двумя начальными буквами нашей фамилии. То, что выпало на ее долю — уму непостижимо. Через пять дней после начала войны — мама тогда разливала горючую смесь в противотанковые бутылки — на заводе случилась жуткая авария. Пострадали многие, но мама моя стала инвалидом первой группы. В тридцать один год. Она мужественно потом несла свой тяжкий крест, вырастила троих детей, дала им прекрасное образование, в люди вывела и никогда, ни при каких обстоятельствах не унывала. Вообще родители мои — образец врожденной внутренней этики, такта, скромности и доброты. Они были дружны между собой и строго уважительны к нам, детям. То, что я, к примеру, закончил среднюю школу с золотой медалью, — целиком их заслуга. Оба они испытывали почти священный трепет перед образованностью, культурой. И нам эти качества передали.

Третьеклассником я пришел в руководимую режиссером Сергеем Львовичем Штейном драматическую студию ЗИЛа. Наш руководитель приобщал своих питомцев не только к постижению театральной культуры. К слову сказать, в задачи этого коллектива вовсе не входило готовить пополнение московским театрам.

Мы просто учились в школе эстетического воспитания: знакомились с классикой, постигали законы прекрасного. Уж потом, став взрослыми, многие из нас выбрали театр как призвание. Вот лишь некоторые выходцы из нашей студии: Татьяна Шмыга (Театр оперетты), Вера Васильева (Театр сатиры), Владимир Земляникин («Современник»), Алексей Локтев и Валерий Носик (Малый театр), Татьяна Жукова (театр на Таганке) и еще многие другие, о которых я не вспомнил. Там же в студии ЗИЛа начал режиссировать Игорь Таланкин, поставивший вместе со Штейном спектакль «Аттестат зрелости», в котором я сыграл Листовского. Замечу, что именно в этой роли я дебютировал в кино. Но до дебюта был еще Всесоюзный смотр художественной самодеятельности, на котором наш спектакль получил первую премию. Все хором стали пророчить мне театральную карьеру, но я поступил на факультет журналистики. В школе хорошо писал сочинения, их часто представляли на различные олимпиады. Подумалось, что смогу работать в газете. Но уже через полгода сбежал в училище имени Щукина. Перед тем как принять окончательное решение, спросил Сергея Львовича: — Идти мне в театр или нет? — Ни в коем случае! — вскрикнул Штейн. — А я все же пойду. — Тогда иди».

Есть в жизни некоторые моменты, когда мужчина должен принимать решение самостоятельно, кто бы что ему ни советовал. Я так и на Тане Самойловой женился: ни у кого совета не спрашивал. Мы учились на одном курсе. Она познакомила меня со своими родителями. Однажды она попала в больницу, и я ей каждый день носил туда клубнику с нашего огорода. Мы поженились, когда нам было по двадцать. Жили на старой квартире отца Тани, народного артиста СССР Евгения Самойлова, на Песчаной улице. Потом Таня забеременела двойней, как потом выяснилось, но рожать не могла из-за болезни. И в нашей семье начался разлад. Как сказал Маяковский: «Любовная лодка разбилась о быт». Вторая моя жена, Таня Зяблова, трагически погибла в 1971 году. А потом я встретил Аришу — самого дорогого мне человека, редчайшую индивидуальность, артистическую в том числе. После женитьбы на Ирине Купченко я стал не скажу примерным (у супруги есть ко мне немало претензий), но очень приличным семьянином. Моя жизнь стоит не на трех — на четырех китах. Первый — работа. Она приносит мне радость и боль, но никогда — безразличие, разочарование в ней. Второй — семья, вернее ее здоровье. И даже не столько физическое ее здоровье (хотя мне легче было бы самому всегда болеть, чем переживать, когда болеют родные), как нравственное. То, что еще называют семейным климатом, — общность интересов, понимание, сопереживание. Третий — климат в стране, в мире. И четвертый — друзья. «Киты» мои могут меняться местами, но в сумме их должно быть четыре. Своих сыновей я вполне сознательно отговорил идти в артисты. Невостребованный актер — ведь нет страшнее судьбы.

— Василий Семенович, я прошу вас подробнее остановиться на фильмах так называемой патриотической тематики. Почему в годы советской власти она была столь востребованной, и почему в нынешние времена к ней обращаются редко, а когда все-таки обращаются, то на выходе никогда не получается фильмов того накала и того благородного содержания, что были при «застое»? Ну нет, и невозможен нынче такой фильм, как «Офицеры»...

— Знаешь, в Европе журналисты часто мне в лицо говорили: «Что вы там в России со своей Победой носитесь? Вот мы ее уже забыли, и ничего не произошло». А я у них спросил: «Сколько дней ваши страны сопротивлялись Гитлеру?» Молчат. Тогда я продолжил: «Польша была завоевана за 28 дней, и за те же 28 дней в Сталинграде немцы смогли захватить всего несколько домов. Дания продержалась ровно день. А вся Европа покорилась за три месяца. И освобождать ее пришлось нашим солдатам. И какой ценой! Миллион жизней советских солдат, отданных за освобождение европейцев от фашизма». Но Европа предпочла об этом забыть».

Что же касается «застоя»... Знаешь, я не считаю время своей молодости и зрелости застойным. Для меня оно навсегда останется добрым и светлым. Скажем, в начале 70-х годов прошлого столетия, помимо «Офицеров», свет увидели и другие замечательные фильмы: «Белое солнце пустыни», «Семнадцать мгновений весны», «А зори здесь тихие...». То было удивительное время. Наверное, просто совпало желание людей видеть на экране саму жизнь, но в эдаком романтическом ореоле — душа соскучилась по настоящему, и талант тех, кто сумел почувствовать эту потребность в человеке-легенде, в герое. Так что непреходящий интерес к фильму «Офицеры» объясним. Без крепкой защиты любой стране не выстоять. Сильная армия —

сильное государство. А то, что мне удалось сыграть Ивана Варавву так, что тысячи юношей (а мне рассказывал об этом тогдашний министр обороны Маршал Советского Союза Андрей Антонович Гречко) решили связать свою жизнь с армией, это заслуга и режиссера Владимира Рогового. Он четко определил мою роль: «Василий, на тебе вся романтическая часть нашей трагической истории, ее свет, ее мечта. А реальность трагедии — на Юматове и Покровской». И хоть в театре и кино я был и реалистом, и комиком, и водевильным персонажем, играл героев и злодеев, но по складу души я, наверное, все-таки романтик. И по-прежнему верю в светлое начало в человеке. Поэтому, наверное, и произошло такое «попадание»! Я трижды отказывался от роли Ивана Вараввы, но все-таки, в конце концов, согласился, и фильм стал для меня одним из самых дорогих. Популярность «Офицеров» мистическая, режиссерская. У зрителя вызывается ассоциативный ряд — у каждого свой. У кого-то это война, у кого-то — любовь, у кого-то — песни. В моем творчестве было много фильмов о войне, но роль Ивана Вараввы оказалась самой яркой. Наверное, секрет в том, что каждое поколение находит в ней что-то свое, очень понятное и близкое. В ней есть все: романтизм, пронзительная — порой до боли — реальность, красота. И — настоящая любовь, несмотря на то, что основная линия фильма вроде бы не об этом.

— Вы с 1994 года возглавляете ассоциацию «Армия и культура» — серьезная нагрузка помимо тех непростых обязанностей, что вы исполняете в родном театре, в Щукинском институте. Откуда силы берете?

— Не хочу показаться выспренним, но силы мне придает глубокое убеждение в том, что армия для нашего государства — предмет наиперавейшего внимания. Необходимо дать человеку в погонах мощную духовную подпитку, объединив для этого лучшие силы отечественной культуры. Я записал 100 серий пятиминутных передач на «Радио России», которые называются «Настоящая армия». Это самые значимые эпизоды из истории России, начиная с XVI века. Плюс рассказы об отдельных выдающихся личностях. А про нашу ассоциацию что могу тебе сказать. Мы регулярно проводим благотворительные и шефские концерты в воинских подразделениях. Лично я частый гость в Таманской, Кантемировской дивизиях, в Отдельной дивизии особого назначения имени Дзержинского. А когда наши воины сражались в Чеченской Республике, мы собрали для них более 30 тонн гуманитарной помощи, в том числе книги, теплые вещи. Активное участие мы принимали в таких культурно-благотворительных акциях, как «Сберечь Россию», «Крылатая гвардия — гордость России». Вообще я тебе скажу, что люди в погонах — моя любимая публика. Мне дорого общение с этими людьми.

— Василий Семенович, вспомните о своей работе в фильме «Семнадцать мгновений весны». Мне ваши воспоминания и просто интересны, но еще ценны потому, что там вы играли в тандеме с одним из главных героев этой книги — Олегом Павловичем Табаковым.

— Знаешь, в артистической среде бытует мнение о том, что сыграть врага, негодяя гораздо проще, нежели положительного героя. Я сейчас не стану касаться психологических тонкостей нашей профессии, но замечу, что мне Вольф дался как раз очень нелегко. Все-таки я актер, если так можно выразиться, романтического окраса, а пришлось играть циничного прагматика, врага хитрого, умного, потому вдвойне опасного. Как, кстати, и Олегу Табакову. Мне сдается, что мы с ним оба выполнили свою работу хорошо. О другом хочу тебе сказать в связи с воспоминаниями об этой замечательной картине. Там генерала в купе поезда сыграл мой старший товарищ по Вахтанговскому театру Николай Олимпиевич Гриценко. У него к тому времени сильно развился рассеянный склероз. Он просто физически не мог запоминать текст роли. Поэтому Лиознова снимала крупные планы Штирлица и генерала поочередно. Олимпиевич считывал свою роль по «шпаргалкам», развешанным позади съемочной камеры. И при этом всем сыграл свою роль гениально. Другого слова и подбирать не хочется. Когда я сейчас смотрю кадры, где во всю ширь телеэкрана пульсируют слезы в глазах прожженного вояки, у меня самого слезы появляются.

...Несколько лет назад ушел из жизни младший сын Ланового — тридцатисемилетний Сергей. Утром, получив эту страшную весть, Василий Семенович решил не отменять вечером свой спектакль. Он вышел на сцену и, как всегда, блестяще сыграл в спектакле «Пристань». Выдающийся актер современности и необыкновенный профессионал, Лановой даже в этой ситуации не смог подвести публику и коллег, ведь он — связующая нить всего спектакля.

...Закончу свой рассказ о Лановом тем, с чего начал. В Москве, на Фрунзенской набережной, возле дома № 3 Министерства обороны глава военного ведомства России генерал армии С. К. Шойгу открыл памятник героям фильма «Офицеры». Василий Семенович там стоит в полный рост. Есть какая-то глубокая и пронзительная символика в том, что этот замечательный творец при жизни увидел себя в бронзе, но при этом ни на грамм не забронзовел.

Стальной стержень Куравлева

Куравлев — самый мой любимый актер из всех тех его цеховых коллег, с которыми довелось встречаться на длинных жизненных росстанях. Всем мне нравится Леонид Вячеславович. Но прежде всего — редкостно самоотверженной пахотой на скудной и кислотной ниве отечественного кинематографа. Свою конкретную делянку на той нивке артист десятилетиями возделывает почти фанатично, до кровавых мозолей, до тяжелого пота, не жалея ни сил душевных, ни времени, ни собственного фирменного куража. (Устаревшее это слово с его фамилией, видать, не зря одного корня.) У него за плечами две сотни фильмов — впереди по столь невиданной востребованности — лишь Армен Джихарханян. Роли куда как разные. От главных — Шура Балаганов, Хома Брут, Робинзон Крузо, Жорж Милославский, Афоня Борщов, братья-близнецы Кашкины до самых крошечных, пятисекундных, как тот эндокринолог Хачикян в «Мимино». А поди ж ты, все сделаны запоминающимися, сочно, мастерски, воистину по-куравлевски. Однако нам с вами, читатель, даже трудно представить, сколькими предложениями самых разных режиссеров Куравлев пренебрег за 56 лет службы в кино! Какую-то цифирь здесь обнародовать невозможно потому, что и сам артист с трудом вспоминает собственные многочисленные отказы. Зато у меня есть возможность на конкретном примере показать высочайшую художническую требовательность Леонида Вячеславовича в этом смысле к себе, к своей работе, к собственному имени, являющемуся в отечественном кинематографе, без преувеличения, высшим, эталонным знаком качества.

Ну так вот, в кино Леонид Куравлев дебютировал еще студентом, сыграв небольшую роль матроса Камушкина в историко-революционном фильме Михаила Швейцера «Мичман Панин». Но параллельно снялся в дипломной работе Шукшина «Из Лебяжьего сообщают». Таким образом, именно Василий Макарович стал тем самым режиссером, который, по сути, и открыл для нас, зрителей, Леонида Куравлева. В 1961 году вместе с Шукшиным они снялись в знаменитой мелодраме «Когда деревья были большими», где главную роль блестяще исполнил Юрий Никулин. А еще через пару лет вышли сразу две картины Шукшина, и обе с участием Леонида — «Живет такой парень» и «Ваш сын и брат». В первой удивительно солнечной и жизнерадостной ленте Куравлев сыграл, словно истово прожил, главного героя — Пашку Колокольникова — милого, доброго, но чуток простоватого парня, желающего помогать всем вокруг себя и побеждающего любые жизненные передряги врожденным, искони народным, почти что теркиновским юмором. Фильм этот до сих пор идет по многим телеканалам с неизменным успехом. А тогда, в начале космических шестидесятых, он произвел настоящий фурор на экранах Советского Союза. Такая пикантная деталь. Поначалу художественный совет и особенно его председатель Н-вов восприняли в штыки Куравлева-Колокольникова. Шукшину пришлось изрядно понервничать и повоевать за своего протеже. Чтобы хоть как-то смягчить несговорчивых чиновников от кино, Василий Макарович посоветовал Лене на пробах надавить на их жалость — слегка заикаться. Когда фильм вышел в прокат и стал быстро завоевывать популярность, товарищ Н-вов высокомерно заявил Шукшину: «Вот видите, прислушались в свое время к нашим советам, и даже природный недостаток молодого артиста — заикание — сумели использовать для картины в нужном русле».

В ленте «Ваш сын и брат» куравлевский Степан Воеводин, по существу, продолжил нравственную линию особой человеческой доброты, очерченную в образе Пашки Колокольникова. Правда, драматическая версия здесь была значительно углублена — герой совершает побег из заключения за два месяца до окончания срока. В родном доме проводит всего несколько часов, пока не появляется милиционер. Этот кругом сумасбродный, с точки зрения здравого смысла вообще нелепый поступок в блестящем исполнении Куравлева восходил к заоблачным высям особой человеческой неповторимости, так характерной для подавляющего большинства всех шукшинских героев-«чудиков».

Если другими словами, то Василий Макарович обрел в лице младшего собрата по кинематографу практически идеального исполнителя всех своих дальнейших экранных изысков и замыслов. Леонид Вячеславович всем свои естеством действительно органически попадал в уникальную стилистику шукшинской философии, словно впечатывался. Вполне естественно, что в следующем фильме «Печки-лавочки» роль Ивана Сергеевича Расторгуева Шукшин тщательно прописывал именно под Куравлева. А тот взял и отказался от столь щедрого подарка старшего товарища. Мало того, еще и заявил: «Извини, брат Вася, но я больше играть у тебя не буду...»

Это у меня сейчас легко написалось — «не буду». А каково было тогда Василию Макаровичу? У него, во-первых, летел под откос конкретно выстраданный, утвержденный уже во всех инстанциях фильм с великолепной обоймой тщательно подобранных актеров даже для эпизодов. Брешь главного героя пришлось затыкать самому Шукшину, поскольку Куравлев здесь был просто незаменим. Ну да ладно, один фильм в авральном порядке спасти удалось, а как быть с дальнейшей, на годы вперед спланированной работой? Между друзьями на эту животрепещущую тему состоялся очень крутой разговор. Аргументы Шукшина по напору сродни были мощи тайфуна: «Да ты пойми, дурья башка, мы же с тобой в тандеме все наше кино вверх тормашками поставим!» Серьезными контрдоводами Куравлев практически не располагал. Зато у него уже вызрело твердое убеждение, сформированное не без помощи первого учителя по ВГИКу Бориса Владимировича Бибикова. А тот наставлял лучшего своего ученика: «Смотри, Леня, в оба, внимательно смотри и соображай: если останешься в мощном силовом поле воздействия неистового Шукшина, то очень скоро заштампуешься в его замечательных, таких милых и бесподобных «чудиках». И уже все другие режиссеры будут воленс-ноленс приспосабливать тебя именно под такие роли. А твой потенциал, поверь мне, гораздо шире и объемнее».

Шукшин был по-настоящему умным, мудрым человеком и в резоны Куравлева, разумеется, вник. Они оставались друзьями, но ни в одной из последующих картин Василия Макаровича Леонид Вячеславович больше не снялся. Артист всегда придерживался твердых, почти железобетонных убеждений в работе, в бытовой жизни, в идеологических воззрениях. И здесь для меня Куравлев тоже из первой пятерки образцовых деятелей русского кинематографа. В так называемые застойные годы актер никогда не демонстрировал из себя правоверного служителя тогдашним властям предержащим, хотя я точно знаю, что его постоянно и довольно настойчиво, как умела лишь та, советская власть, понуждали «поддерживать», заставляли «осуждать», предлагали «подписывать». Никогда и ни в чем он не шел на сделку со своей совестью. Может быть, и поэтому звания народного артиста СССР его так и не удостоили. Хотя, скажем, к полувековому юбилею у него набралось многим более сотни сыгранных киноролей. Та же Ада Роговцева годом позже вожделенное звание получила, поскольку 20 лет была секретарем парткома театра. А Куравлев даже от профсоюзной работы всегда твердо уклонялся. Говорил: я настолько занят в кинопроцессе, что у меня нет времени на общественную работу. А выполнять ее шаляй-валяй мне совесть не позволяет.

Потом уже, когда нагрянули так называемые перестройка и гласность, вдруг выяснилось, что семья Куравлевых довольно-таки серьезно, если не сказать трагично, пострадала от советской власти. Отец, Вячеслав Яковлевич, трудился на авиазаводе, а мать, Валентина Дмитриевна, работала обыкновенным парикмахером. И уж где она там, в чем и как досадила власти, но только женщину арестовали по анонимному доносу и выслали в поселок Зашеек Мурманской области, который располагался на берегу озера Имандра. Забрала она с собой и пятилетнего Леньку. Как удалось выяснить журналистам одной известной молодежной газеты, в городском архиве Кировска находятся две личные карточки гражданки Куравлевой, 1916 года рождения. Имея 5-классное образование, она работала в парикмахерской артели «Рассвет» мастером 3-го разряда с февраля 1948 по июль 1951 года. В лицевом счете по начислению зарплаты указано, что на попечении женщины находится один ребенок. Руководитель военно-патриотического клуба «Поиск» А. Ешану также сообщил молодежному журналисту, что «один мужчина по имени Александр рассказывал: когда разбирали барак, в котором жили Куравлевы, то нашли там портрет Сталина, весь порезанный и испачканный. В народе поговаривают, что таким образом малолетний Леонид Вячеславович мстил «отцу народов» за тягости, которые им с матушкой пришлось пережить у нас на Севере».

Весь этот послеперестроечный пароксизм, как и особую «комсомольско-либерастическую» ретивость молодежных журналистов с «порезанием портрета вождя», можно было бы оставить на их зыбкой совести и на том поставить точку. Если бы не одно обстоятельство, в некотором смысле пронзительное и чрезвычайное, но которого молодые «следопыты» даже не заметили. Когда от заводского работяги Куравлева в авральном порядке оторвали жену с ребенком, мужик поначалу просто опешил, подумав, что это чья-то дурная, злая шутка и со временем все встанет на свои места. Однако шли недели, месяцы, годы, а родные ему души так и оставались для него недосягаемыми. (Проведать жену и сына высококвалифицированный слесарь военного предприятия не имел права из-за режима секретности.) Эти ли обостренные моральные страдания с годами дали о себе знать или же проявилась какая-то генетическая наследственность — кто теперь узнает истину, — а только стал Вячеслав Яковлевич все чаще и чаще как бы уходить в себя, вяло или совсем уж безразлично реагируя на окружающую действительность. Не проявил он так понятной, казалось бы, радости даже тогда, когда жена с сыном вернулись домой. Стало ясно: главу семьи нужно обследовать обстоятельно. Так еще в начале 60-х Куравлев-старший попал в психлечебницу. Периодически он ее покидал, даря надежду родным и близким, но потом снова наступали кризисы, и в больнице Вячеслав Яковлевич так и скончался на семидесятом году жизни. Дочь Леонида Куравлева поначалу поступила в Щукинское училище, успешно окончила его. Сыграла в нескольких художественных фильмах. В картине «Самая обаятельная и привлекательная» даже снялась с отцом. Но после долгих размышлений над жизнью вообще и над непростой историей собственной семьи в частности бросила кинематограф и серьезно занялась психотерапией.

И вот теперь, когда вы, дорогой читатель, все это узнали, вам хоть отчасти стало понятно, почему актер Куравлев годами, десятилетиями не идет практически ни на какие контакты с нашим братом-газетчиком, радио- или тележурналистом. Давайте будем до конца откровенными и сами себе признаемся: ну о чем говорить умнице, заядлому книгочею (одно время артист даже вел телепередачу «Мир книг с Леонидом Куравлевым») с такими, к примеру, журналистами, которые «раскопали» испачканный портрет Сталина? Кстати, на роль и значение личности вождя в сложнейшей истории мира, страны и народа у Леонида Вячеславовича есть свое устойчивое и, доложу, не самое расхожее мнение. Но уверяю вас, читатель, вы никогда, нигде не услышите и не прочитаете суждений артиста на эту животрепещущую тему. Как не узнаете от него же о его всамделишных, а не из идеологического пальца высосанных трудностях, с которыми пришлось столкнуться в отрочестве и ранней юности. Ведь даже в вожделенный ВГИК Куравлев поступил не с первого раза. Лишь спустя два года, в продолжение которых юноша вкалывал на производстве, попытка оказалась успешной. Вообще мне даже трудно представить Леонида Вячеславовича на что-то жалующегося, сетующего и раздраженного, брюзжащего, типа того, что раньше, мол, и солнце светило ярче, и сметана была гуще. И свои семейные дела он никогда, ни с кем не обсуждает. Просто потому, что Куравлев — мудрый, человек с крепким нравственным стержнем, на который никоим образом не влияет «температура текущего момента».

И здесь по касательной мне вдруг вспомнилось 65-летие Аркадия Арканова, с которым Куравлева связывали весьма дружеские отношения. Актер вообще испытывает особые симпатии к людям из так называемого юмористического цеха. Крепко дружил с Юрием Никулиным еще с тех пор, как они вместе сыграли в фильме «Когда деревья были большими». Как-то заметил, что никто кроме Никулина не уговорил бы его участвовать в телепередаче «Белый попугай». До сих пор «дружит домами» с писателем-сатириком Аркадием Ининым. Они женились в одно и то же время. Одновременно у них появились дети: у первого — сын, у второго — дочь. Ровно через 15 лет супруги Инна и Нина принесли своим мужья сыновей. Куравлев назвал своего Василием в честь Шукшина. Так вот, мы с Ининым приходим в заведение, где должно отмечаться торжество нашего старшего товарища и застаем там сразу двух распорядителей: Оганезова и Куравлева. Первым делом я, естественно, предложил мужикам свою помощь и услышал от Леонида Вячеславовича: «Конечно, присоединяйтесь:

втроем бить баклуши куда веселее будет». А надо признаться, я давно теребил приятелей и знакомцев насчет того, чтобы они устроили мне «рандеву с Куравлевым». Да только все отказывались: извини, братец, но с Леней этот номер у тебя не пройдет. И тут — такой замечательный случай. Разумеется, я понимал, что смешивать божий дар с яичницей негоже с кем бы то ни было, но с Куравлевым особенно. В смысле времени и места для серьезного разговора. Поэтому, как говорится между делом, прибег к почти безобидной хитрости, предложив артисту следующий список: «Наталья Гундарева, Нонна Мордюкова, Владимир Конкин, Олег Меньшиков, Георгий Данелия, Вячеслав Тихонов, Александр Солженицын, Леонид Куравлев, Андрей Мягков, Жанна Прохоренко». «Как вы полагаете, Леонид Вячеславович, что объединяет этих известных деятелей культуры?» Актер повертел мою записную книжку с перечисленными фамилиями, пожал плечами и честно признался: «Да хрен его знает» — «Между тем это люди, чрезвычайно редко, некоторые вообще никогда не общающиеся с прессой. Причем мотивы и доводы всех их мне известны. Кроме, как вы понимаете, артиста Куравлева. Чем вам насолил наш брат-журналист?» — «Да ничем. Все гораздо проще, чем вы себе представляете. Если бы я, предположим, служил в театре, то общение с пишущими людьми, скажем, с тем же Борисом Поюровским (известный журналист-критик. — М.З.), рассматривал бы для себя как благо. Вот что-то я сыграл не так, он бы мне подсказал, и я в следующем спектакле исправился. А в кино всякая критика бессмысленна.

Что мы всей съемочной группой во главе с режиссером сотворили, как вместе плюнули в вечность, так тот плевок целлулоидная пленка и зафиксировала. И какой смысл кулаками после драки размахивать? Вот говорят, что мой Курт Айсман из «Семнадцати мгновений весны» слишком уж «русским» получился. Очень даже может быть, хотя я лично так не считаю. Да только что-то изменить тут, в принципе, уже невозможно. Остается вашему брату что — полоскать бельишко мое ли, моих коллег по цеху, моих родных и близких. Но мне-то это зачем нужно? К каждому моему юбилею какой-нибудь телеканал обязательно предлагает сделать фильм обо мне. Отказываюсь. Мне ни к чему и эта суета сует. Да и фильмов-то добротных, содержательных, умных и доброжелательных у нас делать не умеют — одни слащавые панегирики штампуют. А я их терпеть не могу. Однажды сделал глупость: вместе с Вахтангом Кикабидзе снялся в рекламе циркониевых браслетов — деньги позарез были нужны. До сих пор с ужасом вспоминаю тот ролик. Не хочу быть фоном для рекламы лапши, затычек и красок для волос. Пусть себе попса пиарится — ей без этого не жить. А я, смею надеяться, и без того народу своему не противен.

...Нина Васильевна и Леонид Вячеславович познакомились, когда Куравлеву было всего 16 лет. Случилось это на катке. А потом они встречались... восемь лет. Поженились, когда жениху исполнилось 24 года, а невесте — 21. И с тех пор семья для актера всегда была священной. Аркадий Арканов, у которого на семейном фронте случалось множество сладких побед и досадных поражений, рассказывал мне под настроение: «Многие полагают, что Леня — под каблуком у Нины. Еще бы, дама она суровая, властная, иняз с отличием окончила, безо всякой протекции доросла до директора школы. А мне бы, честное слово, хоть пару годков бы побыть под таким каблуком. Не поверишь, но они могут общаться друг с другом даже без слов. Ты не представляешь, какие заманчивые предложения Куравлеву поступали от его многотысячных поклонниц в пору расцвета его таланта. Хоть бы раз, ну просто ради любопытства он изменил Нине — хренушки. Кремень человек. И так полвека уже».

На 73-м году жизни Нина Васильевна ушла из жизни. Леонид Вячеславовичи практически перестал сниматься и появляться на людях. Всецело занялся внуками: Степаном, Федором и Григорием. В марте 2014 года я совершенно случайно узнал, что Куравлев подписал обращение большой группы деятелей культуры Российской Федерации в поддержку политики В. В. Путина на Украине и в Крыму.

Под занавес еще несколько интересных, но малоизвестных фактов из кинематографической жизни моего героя. Роль вора-домушника Жоржа Милославского в знаменитой комедии Леонида Гайдая «Иван Васильевич меняет профессию» досталась Куравлеву в жесткой конкуренции с Андреем Мироновым. А вот в исполнении песни «Вдруг, как в сказке, скрипнула дверь» ему пришлось уступить Валерию Золотухину. Хотя те немногие счастливчики, которые слышали исполнение этого шлягера Куравлевым, убеждены: у него получилось не хуже.

В комедии Георгия Данелии «Афоня» на главную роль пробовался 21 актер, включая Даниэля Ольбрыхского и Владимира Высоцкого. Почему победил Куравлев, даже сам режиссер до конца толком не знает. Говорит: «Есть у Лени какой-то секрет». Очень даже может быть...

На съемках фильма «Вий» Наталья Варлей потеряла равновесие в движущемся по кругу гробу и выпала из него. Молодую актрису каким-то чудом подхватил на руки Леонид Куравлев и спас ее, как минимум, от тяжелой травмы. Варлей с тех пор везде говорит: «Леня из тех людей, которые не задумываются об опасности и всегда готовы подставить свое плечо другому». Актриса, как говорится, права на все сто.

В 2010 году в городе Ярославле была установлена скульптура героя Л. Куравлева — слесаря Афони из одноименного кинофильма.

* * *

— Уважаемый Леонид Вячеславович, прошу вас вспомнить хотя бы некоторые эпизоды из вашей работы в фильме «Семнадцать мгновений весны». С этим же вопросом я уже обращался к Вячеславу Тихонову, Василию Лановому и Олегу Табакову.

— Ну и правильно, что к ним обращался. У них хорошие, полнокровные роли. А моего оберштурмбаннфюрера СС Курта Айсмана поначалу вообще играть не представлялось возможным. Как говорится, не пришей кобыле хвост. Почему именно ему поручено проверять довольно большую шишку — штандартенфюрера — неясно и никак из сюжета не вытекало. Я так и сказал Лиозновой. Она хоть и была женщиной резковатой и властной, но к моему замечанию прислушалась. И спрашивает: «А что ты можешь предложить?» Да хоть повязку, говорю, на глаз мне надеть, и то уже появилась бы какая-никакая биография: бывший фронтовик, заслуженный офицер. Мог запросто пересекаться со Штирлицем, и тогда ему карты в руки. Но не это главное. Ведь поначалу меня и Броневого пробовали на роль... Фюрера. Но я отказался. Думаю: да на фиг он мне нужен...

* * *

С 2001 года «Семнадцать мгновений весны» вышел в эфир 32 раза! Единственный год, когда фильм Татьяны Лиозновой вообще не показывали, — 2004-й. Зато в 2002-м, 2008-м и 2012-м Штирлиц шел по четыре раза в год на разных телеканалах. В среднем же телесериал зрители могли видеть хотя бы раз в год.

* * *

Был у нас такой телеканал ТВ6. Так вот он впервые ввел в практику показ «Семнадцати мгновений...» подряд в продолжение суток.

* * *

С 2009 года цветную версию «Семнадцати мгновений весны» в эфире больше не показывали.

* * *

«Мне, человеку, у которого отец воевал от звонка до звонка, многое было известно о Второй мировой войне. Но я хорошо знаю, как к этой картине отнеслись в Германии. Из немецких уст было высказано уважение к маленькой черноглазой женщине, которая сумела рассказать честную, суровую правду о войне, выставив врагов не в привычном, водевильном духе, а показав их достойными противниками. Она увидела и отразила на экране сильных, умных завоевателей, замахнувшихся покорить весь мир. И в этом объективном взгляде неоспоримая заслуга Татьяны Лиозновой — выдающегося мастера российского экрана».

Олег Табаков, народный артист СССР.

ВЕЛИКИЕ АКТЕРЫ ТЕАТРА И КИНО

Захарчук Михаил Александрович

ОЛЕГ ТАБАКОВ И ЕГО 17 МГНОВЕНИЙ

Ответственный редактор *О. Дышева*
Художественный редактор *А. Аверьянов*
Технический редактор *Г. Романова*
Компьютерная верстка *В. Никитина*
Корректор *И. Федорова*

В оформлении переплета использована фотография:
Elena Koromyslova / Shutterstock.com
Используется по лицензии от Shutterstock.com

ООО «Издательство «Эксмо»
123308, Москва, ул. Зорге, д. 1. Тел.: 8 (495) 411-68-86.
Home page: **www.eksmo.ru**   E-mail: **info@eksmo.ru**

Өндіруші: «ЭКСМО» АКБ Баспасы, 123308, Мәскеу, Ресей, Зорге көшесі, 1 үй.
Тел.: 8 (495) 411-68-86.
Home page: www.eksmo.ru   E-mail: info@eksmo.ru.
Тауар белгісі: «Эксмо»
Қазақстан Республикасында дистрибьютор және өнім бойынша
арыз-талаптарды қабылдаушының
өкілі «РДЦ-Алматы» ЖШС, Алматы қ., Домбровский көш., 3«а», литер Б, офис 1.
Тел.: 8 (727) 251-59-90/91/92; E-mail: RDC-Almaty@eksmo.kz
Интернет-магазин: www.book24.kz
Өнімнің жарамдылық мерзімі шектелмеген.
Сертификация туралы ақпарат сайтта: www.eksmo.ru/certification

Сведения о подтверждении соответствия издания согласно
законодательству РФ о техническом регулировании можно получить
по адресу: http://eksmo.ru/certification/

Өндірген мемлекет: Ресей
Сертификация қарастырылмаған

Подписано в печать 29.03.2018. Формат 84х108$^1/_{32}$.
Гарнитура «FreeSetCTT». Печать офсетная. Усл. печ. л. 15,12 + вкл.
Тираж   2000   экз. Заказ № 8272.

Отпечатано в ОАО «Можайский полиграфический комбинат».
143200, г. Можайск, ул. Мира, 93.
www.oaompk.ru, www.оаомпк.рф тел.: (495) 745-84-28, (49638) 20-685

Оптовая торговля книгами «Эксмо»:
ООО «ТД «Эксмо». 142700, Московская обл., Ленинский р-н, г. Видное,
Белокаменное ш., д. 1, многоканальный тел.: 411-50-74.
E-mail: **reception@eksmo-sale.ru**

По вопросам приобретения книг «Эксмо» зарубежными оптовыми
покупателями обращаться в отдел зарубежных продаж ТД «Эксмо»
E-mail: **international@eksmo-sale.ru**

*International Sales: International wholesale customers should contact
Foreign Sales Department of Trading House «Eksmo» for their orders.*
international@eksmo-sale.ru

По вопросам заказа книг корпоративным клиентам, в том числе в специальном
оформлении, обращаться по тел.: +7 (495) 411-68-59, доб. 2261.
E-mail: **ivanova.ey@eksmo.ru**

Оптовая торговля бумажно-беловыми
и канцелярскими товарами для школы и офиса «Канц-Эксмо»:
Компания «Канц-Эксмо». 142702, Московская обл., Ленинский р-н, г. Видное-2,
Белокаменное ш., д. 1, а/я 5. Тел./факс +7 (495) 745-28-87 (многоканальный).
e-mail: **kanc@eksmo-sale.ru**, сайт: **www.kanc-eksmo.ru**

В Санкт-Петербурге: в магазине «Парк Культуры и Чтения БУКВОЕД», Невский пр-т, д. 46.
Тел.: +7(812)601-0-601, сайт: **www.bookvoed.ru**

Полный ассортимент книг издательства «Эксмо» для оптовых покупателей:
Москва. ООО «Торговый Дом «Эксмо». Адрес: 142701, Московская область, Ленинский р-н,
г. Видное, Белокаменное шоссе, д. 1. Телефон: +7 (495) 411-50-74. **E-mail:** reception@eksmo-sale.ru
Нижний Новгород. Филиал «Торгового Дома «Эксмо» в Нижнем Новгороде. Адрес: 603094,
г. Нижний Новгород, ул. Карпинского, д. 29, бизнес-парк «Грин Плаза».
Телефон: +7 (831) 216-15-91 (92, 93, 94). **E-mail:** reception@eksmonn.ru
Санкт-Петербург. ООО «СЗКО». Адрес: 192029, г. Санкт-Петербург, пр. Обуховской Обороны,
д. 84, лит. «Е». Телефон: +7 (812) 365-46-03 / 04. **E-mail:** server@szko.ru
Екатеринбург. Филиал ООО «Издательство Эксмо» в г. Екатеринбурге. Адрес: 620024,
г. Екатеринбург, ул. Новинская, д. 2щ. Телефон: +7 (343) 272-72-01 (02/03/04/05/06/08).
E-mail: petrova.ea@ekat.eksmo.ru
Самара. Филиал ООО «Издательство «Эксмо» в г. Самаре.
Адрес: 443052, г. Самара, пр-т Кирова, д. 75/1, лит. «Е».
Телефон: +7(846)207-55-50. **E-mail:** RDC-samara@mail.ru
Ростов-на-Дону. Филиал ООО «Издательство «Эксмо» в г. Ростове-на-Дону. Адрес: 344023,
г. Ростов-на-Дону, ул. Страны Советов, д. 44 А. Телефон: +7(863) 303-62-10. **E-mail:** info@rnd.eksmo.ru
Центр оптово-розничных продаж Cash&Carry в г. Ростове-на-Дону. Адрес: 344023,
г. Ростов-на-Дону, ул. Страны Советов, д. 44 В. Телефон: (863) 303-62-10.
Режим работы: с 9-00 до 19-00. **E-mail:** rostov.mag@rnd.eksmo.ru
Новосибирск. Филиал ООО «Издательство «Эксмо» в г. Новосибирске. Адрес: 630015,
г. Новосибирск, Комбинатский пер., д. 3. Телефон: +7(383) 289-91-42. **E-mail:** eksmo-nsk@yandex.ru
Хабаровск. Филиал РДЦ Новосибирск в Хабаровске. Адрес: 680000, г. Хабаровск,
пер. Дзержинского, д. 24, литера Б, офис 1. Телефон: +7(4212) 910-120. **E-mail:** eksmo-khv@mail.ru
Тюмень. Филиал ООО «Издательство «Эксмо» в г. Тюмени.
Центр оптово-розничных продаж Cash&Carry в г. Тюмени.
Адрес: 625022, г. Тюмень, ул. Алебашевская, д. 9А (ТЦ Перестройка+).
Телефон: +7 (3452) 21-53-96/ 97 / 98. **E-mail:** eksmo-tumen@mail.ru
Краснодар. ООО «Издательство «Эксмо» Обособленное подразделение в г. Краснодаре
Центр оптово-розничных продаж Cash&Carry в г. Краснодаре
Адрес: 350018, г. Краснодар, ул. Сормовская, д. 7, лит. «Г». Телефон: (861) 234-43-01(02).
Республика Беларусь. ООО «ЭКСМО АСТ Си энд Си». Центр оптово-розничных продаж
Cash&Carry в г.Минске. Адрес: 220014, Республика Беларусь, г. Минск,
пр-т Жукова, д. 44, пом. 1-17, ТЦ «Outleto». Телефон: +375 17 251-40-23; +375 44 581-81-92.
Режим работы: с 10-00 до 22-00. **E-mail:** exmoast@yandex.by
Казахстан. РДЦ Алматы. Адрес: 050039, г. Алматы, ул. Домбровского, д. 3 «А».
Телефон: +7 (727) 251-59-90 (91,92). **E-mail:** RDC-Almaty@eksmo.kz
Интернет-магазин: www.book24.kz
Украина. ООО «Форс Украина». Адрес: 04073 г. Киев, ул. Вербовая, д. 17а.
Телефон: +38 (044) 290-99-44. **E-mail:** sales@forsukraine.com

**Полный ассортимент продукции Издательства «Эксмо» можно приобрести в книжных
магазинах «Читай-город» и заказать в интернет-магазине www.chitai-gorod.ru.**
Телефон единой справочной службы 8 (800) 444 8 444. Звонок по России бесплатный.

Интернет-магазин ООО «Издательство «Эксмо»
www.book24.ru
Розничная продажа книг с доставкой по всему миру.
Тел.: +7 (495) 745-89-14. E-mail: imarket@eksmo-sale.ru

ISBN 978-5-04-094245-9

9 785040 942459 >

16+